U0580207

DANGDAI

ZHONGGUO

JIAZHI

JIAOYU

YANJIU

当代中国价值教育研究

石中英 /丛书主编

价值理性
及其培育

高　政 /著

Value Rationality
and Its Cultivation

▶▶▶

北京师范大学出版集团
BEIJING NORMAL UNIVERSITY PUBLISHING GROUP
北京师范大学出版社

序

2022 年 10 月，党的二十大胜利召开，习近平总书记在大会上作了《高举中国特色社会主义伟大旗帜 为全面建设社会主义现代化国家而团结奋斗》的报告。报告明确提出新时代新征程中国共产党的使命任务："从现在起，中国共产党的中心任务就是团结带领全国各族人民全面建成社会主义现代化强国、实现第二个百年奋斗目标，以中国式现代化全面推进中华民族伟大复兴。"[①]为团结带领全国各族人民更好地朝着第二个百年奋斗目标努力，习近平总书记特别指出，要在全社会广泛践行社会主义核心价值观，"社会主义核心价值观是凝聚人心、汇聚民力的强大力量"[②]，并就新时代如何广泛践行社会主义核心价值观作出具体指示：要弘扬以伟大建党精神为源头的中国共产党人精神谱系，用好红色资源，深入开展社会主义核心价值观宣传教育，深化爱国主义、集体主义和社会主义教育；突出

① 习近平：《高举中国特色社会主义伟大旗帜 为全面建设社会主义现代化国家而团结奋斗》，21 页，北京，人民出版社，2022。
② 习近平：《高举中国特色社会主义伟大旗帜 为全面建设社会主义现代化国家而团结奋斗》，44 页，北京，人民出版社，2022。

理想信念教育在社会主义核心价值观教育中的首要地位，推动理想信念教育常态化制度化，持续抓好"四史"（党史、新中国史、改革开放史、社会主义发展史）教育，引导广大人民包括青少年知史爱党、知史爱国，不断坚定中国特色社会主义的共同理想；要努力用社会主义核心价值观铸魂育人，构建大中小学一体化的思想政治教育工作体系；要坚持依法治国和以德治国相统一，将社会主义核心价值观纳入法治建设、融入社会发展、融入日常生活。这些重要论述，为党的二十大之后深化社会主义核心价值观教育乃至全部的价值观教育提供了思想遵循和实践指南。有了这些重要思想的指引，未来我国的社会主义核心价值观教育必将进一步深化、具体化和生活化，成为全体人民全面建设社会主义现代化强国的精神纽带，为亿万青少年成长为堪当民族复兴大任的时代新人指明价值方向。

价值观教育是立德树人和全面发展教育的重要组成部分，也可以说是一个核心的部分。德智体美劳"五育"都肩负着价值观教育的重任，价值观教育与健康人格的培育也有内在的关联。健康和高尚的人格其实就是正确、积极和高尚的价值观的内化和主体化。也正因为这样，古今中外的教育莫不重视价值观教育。就是那些宣称不赞成学校进行价值观灌输的学者们，其实也是在以一种"不教"（不直接灌输）的方式进行某种特定的价值观教育。从这个角度来说，不存在不进行任何价值观教育的学校，学校教育永远不可能在价值观的真空中进行。至于学校进行何种价值观教育，则完全取决于学校所处的时代和社会背景。在不同的时代、不同的社会背景中，人们接受着不同的价值观教育。学校的价值观教育，往往与社会上占主导地位的价值观具有高度的一致性。这是一个显而易见的社会事实。就我国而论，古代社会的价值观教育当然不同于近代和当代社会的价值观教育，社会制度不同，学校里开展的价值观教育的目的、内容、途径和方法当然也会不同。就西方而论，古希腊时期学校所重视的核心价值观、古罗马时期所重视的核心价值观，以及后来中世纪所重视的核心价值观、文艺复兴时期学校所重视的价值观和近代资产阶级革命时期学校所重视的价值观也都存在很大的不同。社会生产力与生产关系的基础变了，占主导地位的价值观自然会发生很大的变化，学校里所开展的价值观教育也会发生相应的变化。这体现了价值观和价值观教育的历史性、社会性。那种认为从古到今、从中到外，存在一种永恒不变的、普遍合理的价值观体系和价值观教育模式的观念，是不符合历史与社会事实的。

当然，在看到价值观和价值观教育的历史性与社会性的同时，并不意味着否认不同时期价值观和价值观教育的继承性，以及不同社会背景下价值观和价值观教育的共同性。在任何一个社会中，学校里所开展的价值观教育都有着源远流长的传统，虽然很多价值观的内涵和外延随着时代变迁发生了很大的变化。不同社会背景下学校里开展的价值观教育，也常常有许多共同的地方，虽然大家对同样一种价值观的理解和行为表现方式存在差异。在价值观教育实践中，处理好古与今、中与外、抽象与具体、变与不变等的关系，是教育者的一项基本任务。

我国的学校非常重视价值观教育，这也是一个不争的事实。只不过，在党的十八大之前，价值观教育并没有作为教育实践的一个相对独立部分被教育者、学习者认知，往往包裹在思想政治教育、道德教育、心理健康教育、智育、美育、体育、劳动教育等丰富多彩的教育实践活动中。思想政治教育中常常进行政治价值观、经济价值观和文化价值观的教育，如"爱党""爱国""爱人民""爱劳动""爱社会主义"以及"合法经营""文化宽容"等。道德教育当然主要是开展道德价值观的教育，这里面既包括一些政治价值观（"大德"），也包括一些社会价值观（"公德"），还包括一些个体价值观（"小德"或"私德"）。在心理健康教育中，也常常开展一些诸如"尊重""换位思考""自我悦纳""宽容"的价值观教育。至于智育、美育、体育、劳动教育，则更是包含着丰富的价值观教育内容。党的十八大之后，价值观教育作为教育的一个重要组成部分被提出来，有助于我们进一步增强对价值观教育重要性的认识，并且整合各育当中的价值观教育因素，形成学校整体的价值观教育行动框架。党的十八大、十九大、二十大对社会主义核心价值观教育的重要论述和政策部署，为推动我国大中小学的价值观教育提供了重要的思想指导和政策支撑。

人的价值观形成是有规律的，以此为基础，学校的价值观教育也是有规律的。违背人的价值观形成和学校价值观教育的规律，价值观教育的有效性就会大打折扣。如以前教育界常常批评的"小学讲共产主义，中学讲社会主义，大学讲人生观教育"的现象，究其实质而言，就是没有能够很好地反映一个人的政治价值观和人生价值观形成的规律，出现了某种价值观教育目标、内容、途径和方法的"倒置"现象，最终难以在青少年心中形成正确的、稳定的价值观体系，并影响到他们的健康成长。又如，在价值观教育中，培育学生的价值理性，帮助学生形成在多种价值观中进行比较、分析、判断和选择的能力至关重要。但是，以往的价值观教育往往不太注重价值理性的培育，导致学生不知道如何分析不同的价值观，在各种价值观面前缺少分辨力和判断力，容易受到不良价值观的影响。再如，对青少年学生的价值观教育，有直接和间接两种途径。直接途径就是开展价值观教学，围绕某些价值主题开展学习，这是思想政治课或道德与法治课的任务。间接途径则是通过整个学校的生活方式开展潜移默化的价值观教育。从这个角度来说，学校的文化、制度等都具有价值观教育的意义，提高学校校长和教师的价值领导能力就变得至关重要。在全党全社会都非常重视青少年价值观教育的今天，加强对人的价值观形成规律和价值观教育规律的研究，探索人的价值观形成和学校价值观教育（包括某些特定价值观教育）规律的研究，就变得极其重要。

正是基于上述政策背景和实践考虑，我们组织出版了"当代中国价值教育研究丛书"。这套丛书从主题上看，都是研究价值观教育问题的，其中有研究教育中的价值判断问题的，有研究价值理性及其培育的，有研究共同价值培育的，有研究价值品质的，有研究儿童宽容价值体验的，有研究儿童正义感及其培育的，有研究学校决策中的价值准则与价值追求的，还有研究教师的价值教育意识的。这些主题都非常前沿，在理论上有较好的创新性，整体而言是对新时代我国价值观教育理论研究的贡献。在这套丛书中，我自己承担了《价值教育哲学导论》一书的撰写，该书试图系统地讨论价值（观）教育的哲学基础问题，建构价值教育哲学的基本框架，并对当前我国价值教育实践中的一些基本问题和重大问题开展哲学分析。我衷心地希望该丛书的出版能够为新时代我国大中小学的价值观教育，特别是社会主义核心价值观教育的开展提供一些可资借鉴的理论资源，能够激发更多的学者特别是青年教育学者参加到价值观教育的理论、政策和实践研究中来。丛书在充分借鉴国外价值观教育理论成果的同时，着力构建中国本土的价值观教育理论体系，更好地服务新时代社会主义核心价值观教育，以期培养和造就德智体美劳全面发展的社会主义建设者和接班人。

丛书的出版得到了北京师范大学出版社教师教育分社社长郭兴举编审和鲍红玉编辑的大力支持。在此我代表丛书作者对两位老师的策划和辛勤付出表示衷心的感谢。由于水平有限，丛书中难免存在不足，敬请各位读者批评指正！

石中英

2022 年 11 月 24 日

目　录

价值为什么需要理性

　　一般认为，价值是客体满足主体需要的某种属性，然而，在大多数情况下，客体所具有的属性是否能满足主体需要，关键又在于主体有何种需要，因此，人们关于事物是否有价值的判断似乎又全系于主体。英语中有"某人之佳肴即他人之毒药"（One man's meat is another man's poison）的谚语，汉语有"萝卜白菜，各有所爱"的俗话，说的是对"某人"而言有着重要"价值"的"佳肴"，对"他人"而言，可能是没有任何价值的东西甚至是有负价值的"毒药"；对某人而言有重要价值的萝卜，对另一个人而言可能一点价值也没有，因为他喜欢的是白菜。人们对某物是否有价值的判断看似是非常主观和感性的。

　　在个体和日常生活的层面，我们都不难感觉价值具有相对性，人们各有各的价值观。同样，伴随着现代化和全球化的进程，整个世界进入前所未有的全面而深刻的相互交融与激荡的时期，我们也真切地体验到了一个价值多元化的世界。在这个世界中，不同的社群、国家、民族、文化的价值观差别巨大，甚至会有截然不同的价值取向与价值系统。基督教文化的价值系统与佛教文化的价值系统就很不相同，伊斯兰文明与儒家文明的价值取向更是差异巨大。一种文明中被视为高尚的行为在另一文明中可能被视为卑鄙，一种文明中被视为慈悲的行为在另一种文明中可能被视为残暴，尽管我们对亨廷顿关于文明冲突的论断不能完全赞同，但如果将不同文明间的价值观冲突置之不理，当今世界的许多问题，如宗教极端主义、欧洲移民危机，乃至于中西方相互理解与沟通的困难等，的确难以得到合理的解释与解决。

总体而言，价值很容易被认为是相对的、情境的、主观的和感性的。与之相对，理性一直被认为是一种与感性相对的，进行判断、分析、综合、比较、推理和计算的能力，人们依据理性形成的是具有一般性的、客观的、严谨的、逻辑严密的知识与观念。因此，人们的一般印象是：价值与理性似乎是两条永不相交的平行线。甚至连亚当·斯密也认为："认为有关正确和错误的最初感觉可能来自理性，甚至在那些特殊情况下会来自形成一般准则的经验，则是十分可笑和费解的……理性不可能使任何特殊对象因为自身的缘故而为内心所赞同或反对……最初区别美德和邪恶的不可能是理性，而是感官和感觉。"[1]但是，价值真的与理性不相关吗？

无论是一些价值范畴成为纯粹的修辞，还是在理性的权衡

---

[1]　Adam Smith，*The Theory of Moral Sentiments*，Cambridge，Cambridge University Press，2002，p. 377.

中的人们遭遇价值困境，从根本上而言，都是价值冲突中的价值排序问题。在宗教、民族利益与个体生命之间，何者为重？在同情他者与个人利益之间，何者为重？基于不同的价值排序，人们就会做出不同的选择。比如宽容和公正，两者都是重要的价值，如果宽容的实践缺乏公正作为基础的话，宽容就很可能异化为一种纵容与委曲求全。如果公正的实践缺乏宽容的话，那么公正只会沦为冷冰冰的技术制度而少了公正应有的人文关怀。马克斯·韦伯批判的现代性的铁笼(iron cage)说的就是现代社会布满了这种缺乏人文关怀的看似公正的现代性制度。在实践中，公正和宽容到底哪一个更为优先呢？和别人发生了冲突之后我们是首先去宽容还是首先追求公正呢？如果仅仅依靠感性和体验，仅仅从一己出发，依据一时的情境，不运用理性对价值问题进行深度的、系统的反省和思考的话，这些问题恐怕很难得到很好的解答。

价值问题的确十分复杂，"知道枷锁的性质比用鲜花装饰它们要好。——知道自身的枷锁往往是自由的第一步，如果这个人对枷锁处于无知状态或者热爱这些枷锁，那么他永远不会获得自由"①。用卢梭的这句"枷锁和自由"关系的妙论来形容理性和价值实在是太合适不过了。理性也许并不能为我们提供一

---

① 转引自［英］伯林：《自由论》，31页，南京，译林出版社，2011。

个关于价值问题一劳永逸式的解答①，但是，理性能够告诉我们在价值世界中可能会受到哪些"枷锁"的影响，告诉我们在价值实践、价值判断中可能受哪些"枷锁"的限制。知道这些枷锁本身可能并不会让我们立即解决在价值实践中遇到的困难与问题，知道这些枷锁本身并不会立即让我们能够用更好的方式去认识、判断和实践价值，但是如果我们对于这些在价值生活中存在的非理性现象熟视无睹、极度无知的话，如果我们认为在价值世界中"现存即合理"并"热爱"现状的话，那么我们可能永远不会通过价值的实践来走向更加美好的未来。

诚然，一个社会的价值观状况是历史、文化、经济、政治、教育等多种因素间复杂互动的结果。教育是育人的过程，育人的过程也是价值观的形成与确立过程，因而，教育即便不能也不应对当前社会的价值观状况承担全部责任，教育也因其育人的根本任务必须承担重要责任。笔者认为，当前的价值教育存在不少可以改进和反思的地方，特别是，当前的价值教育过分重视学生有关价值知识的学习，价值情感的体验和培养，忽视了对学生价值理性的培养。在社会转型、价值多元冲突甚至失范的大背景下，价值排序、价值选择在人们的个人生活与社会实践中的重要性日益凸显。价值教育中对于价值知识的学

---

① 一部现代西方政治哲学史在某种程度就是视"平等"和"公平"为最高价值的左派与视"自由"和"效率"为最高价值的右派之间的理论斗争史。罗尔斯穷其一生研究正义问题，最后并没能得出一个普遍认可的正义原则，柏林一辈子研究自由，却并没有将自由彻底说清楚、说明白。

习、行为习惯的养成、积极价值体验和感性认同的培养固然重要，但是培养学生的价值理性更是不可或缺。缺乏理性的价值教育让学生缺乏对于价值问题的独立判断和思考，缺乏理性的价值教育会让学生在复杂的价值实践和价值选择面前无所适从。总之，理性对于价值来说不是可有可无，而是必不可少的，培育价值理性是价值教育的重中之重。基于以上考虑，全书把价值理性作为研究主题。

全书可以分成三个部分，第一部分是关于"是什么"的研究（第一章），主要对价值理性的概念进行分析和界定。通过对学术史上有关价值理性概念的理论资源的梳理和总结，结合研究需要，对价值理性的概念做出不同于传统学术界理解的新界定。第二部分主要是关于"为什么"的研究（第二章到第六章），对价值理性在价值教育、价值来源、价值秩序、价值判断和价值实践中所能发挥的作用进行分析和阐述。价值理性的视角能够帮助我们更好地认识、实践价值，以及帮助我们改进价值教育。第三部分主要是关于"怎么办"的研究（第七章），就如何在教育中更好地培育价值理性进行了一些尝试性的探索。

全书的主要研究方法有以下几种。

（1）概念分析法。概念分析法是分析哲学的一种常用方法，主张通过分析概念以达到澄清思想混乱与谬误的目的。《西方哲学英汉对照辞典》对"概念分析"的界定是："运用逻辑方法以图澄清概念或观念的意义的活动。它力图发现组成一个概念的要素和这些要素是怎样相互联系的。它也陈述某些概念之间的关系，以及某些给定概念之运用的充分必要的条件。"①在本书中，对"价值""价值理性"等核心概念的分析和界定不仅是研究展开的基础和前提，而且也是研究的一个重要组成部分，本书将运用概念分析法对研究的核心概念进行分析澄清与界定，为研究工作的展开扫清因概念理解歧义可能带来的诸多不便和障碍。

（2）文献研究法。任何理论研究都必须在现有研究成果的基础上往前推进，唯有如此才能实现真正的理论创新和进步，对于价值理性的研究也不例外。价值理性作为一个重要的理论问题，一直是价值哲学的一个研究重点，存在相当数量的研究成果。除了直接的价值理性相关研究以外，对于价值教育和教育与理性等主题的研究成果也要借鉴吸收。只有在对价值理性研究的学术史进行梳理的基础上，在对已有研究成果的比较全面的占有和把握的基础之上，我们才有可能在理论上对价值理性的研究作出一些新的贡献和深化。

（3）案例分析法。价值问题可以说既是一种抽象的存在，也是一种非常具体的现象。通过对于价值现象的分析，透过对于价值现象中的一些共通的、普遍的经典案例的分析，有助于我们更好地理解价值的形成机制与路径，有助于我们更好地理解价值实践中容易犯的错误，有助于我们更好地反思价值认识中一直存在的不足。相对于哲学研究关注的是一些更具普遍性

① ［英］尼古拉斯·布宁、余纪元编著：《西方哲学英汉对照辞典》，391页，北京，人民出版社，2001。

和一般性的问题而言，教育哲学研究的问题是一些更具体、实践性更强的教育场域内的问题。放弃了对这些具体的实践性问题的把握，教育哲学在自己学科上的优势就难以充分凸显出来。

（4）对比研究法。价值理性的缺失和价值失范现象的存在具有一定程度的普遍性，在中西文化中都是存在着的，除了中西对比以外，不同价值教育方法路径之间的对比，不同价值理论流派之间的对比，价值世界中传统立场和价值理性立场之间的对比，都是对比研究法在本研究中的具体运用。

第一章
价值与理性的思想史梳理

价值与理性是贯穿整个西方哲学史的两个重要概念。罗素曾言："哲学在其全部历史中一直是由两个不可调和地混杂在一起的部分构成的：一方面是关于世界本性的理论，另一方面是关于最佳生活方式的伦理学说或政治学说。"①确如罗素所说，纵观哲学史，"是"与"应该"（事实与价值）构成了哲学史演进的两条主线。如果说"是"与"应该"的混同、纠缠、分裂与对抗就可以涵括整个西方哲学史，那么，依凭理性来反思、探究这两个哲学主题则是哲学的主旋律。以理性去把握隐藏在价值现象背后的本质，为人们的美好生活提供价值指引是西方哲学的重要传统，但是"价值理性"这一学术概念却是德国社会学家马克斯·韦伯直至 20 世纪初才首先提出的。笔者认为，一方面，任何一个学术概念，体现思想家的"个性"，标示着思想家从独特的视角思考自己所处的时代；另一方面，思想家的个性化创

① ［英］罗素：《西方哲学史》下卷，395 页，北京，商务印书馆，1976。

造背后总是有其思想理论渊源，及促使其个性化创造得以可能的社会历史条件的。韦伯的"价值理性"概念当然极具洞见，因此，对韦伯的"价值理性"概念进行"同情"的理解，即明晰韦伯提出的"价值理性"概念的内涵与外延是我们理解"价值理性"概念的一项基本任务。但同时，没有"放之四海而皆准"、拥有绝对解释力的概念，概念在与现实的互动中产生与发展，拥有对既有概念的反思、批判与发展的态度极为重要。因此，我们不能仅仅囿于韦伯的理解，而要把握"价值理性"概念得以产生的思想和理论渊源及现实根源，进而对照现代社会的现实境况，提出对"价值理性"的合乎时代的理解，即对"价值理性"概念进行批判性理解与重新建构，使其更具有现实的洞察力和理论的解释力。

近代以来，人们在"是"与"应该"之间划定了鸿沟，"应该"即价值问题逐渐被排斥在人类理性认识的范围之外，对理性的工具性理解逐渐成为人们的思维定式。毫无疑问，哲学家对"价值理性"的自觉意识是伴随着近代以来理性的分化而逐渐产生的，"价值理性"这一概念的提出是人类在面对新时代、新问题时对"理性"的反思与重新理解。但同时，当我们将视野投向本来意义上的"理性"时，就会发现，对理性的工具性理解与本来意义上的理性简直南辕北辙，而"价值理性"的兴起则在一定程度上是某种向古典理性传统的回归。当然，这种回归绝不是一种简单的复归，毋宁说这是一种否定之否定式的发展。正是在这个意义上，"价值理性"只有在一种思想史的梳理中才能得到充分的说明与理解。

"价值理性"概念是十分晚近的创造，但是，作为理性的基本维度，从人将自身从自然界中提升出来开始，"价值理性"就深刻地影响着人们的行为。伴随着人类理性本身的发展，以及现代化进程引起的人们对理性概念的反思，思想家对"价值理性"的警醒与理论探究开启了。对"价值理性"的理解必然要从关于"理性"的考察开始。有学者指出："西方哲学史不折不扣地是关于理解和使用理性的互相冲突的解释史。"①后现代哲学家福柯认为，哲学和批判思想的核心问题一直是，今天仍然是，相信将来依然是：所使用的这个理性究竟是什么？它的历史后果是什么？它的局限是什么？危险是什么？②正如人们所知，福柯是后现代哲学家的杰出代表，他一贯是基于其后现代的批判的视野，从消极的角度来考察理性的，但是他仍然十分肯定地指出，理性在西方哲学中占据着核心地位，是哲学的永恒主题。在福柯看来，要进入哲学讨论，首要的前提就是要搞清楚理性的内涵到底是什么，但是搞清理性的内涵绝不是一件容易的事。

保罗·爱德华在其编撰的《哲学百科词典》中对"理性"（reason）这样写道："然而理性是什么呢？要给予明确的回答绝非易事。哲学家们使用有关名词的定义，经常有意和无意出现很

---

① Calvin O. Schrag, *The Resources of Rationality*, Bloomington, Indiana University Press, 1992, p. 1.

② ［美］道格拉斯·凯尔纳，斯蒂文·贝斯特：《后现代理论》，47页，北京，中央编译出版社，1999。

大和明显的分歧。"①面对这个哲学史上极端重要的概念，将西方理性主义传统发挥至极致的著名哲学家黑格尔也曾发出这样的感慨："我们一般时常和多次听见人说起理性，并诉诸理性，却少有人说明理性是什么，理性的规定性是什么。"②可见，"理性"具有非常复杂的含义，数千年来，人们关于"理性"的理解不断变化与发展，以至于关于什么是理性从来就没有得到过一个完全一致的解答。

第一节　古代的总体理性观

理性是人所独有的思维与行为方式，它萌生于人类原始的生产劳动。正如马克思、恩格斯所说："人们为了能够'创造历史'，必须能够生活。但是为了生活，首先就需要吃喝住穿以及其他一些东西。因此第一个历史活动就是生产满足这些需要的资料，即生产物质生活本身。"③和其他一切动物一样，原始人的一切活动都是出于生存的本能，但是在求生存的过程中，原始人类开始有意识地将自然界的东西改造为自己需要的东西。在人类早期，人自身的目的、意图与对自然的虔敬和有限认识相互混杂，共同蕴含于原始的生产劳动中，但其中毕竟产

---

① Paul Edwards，*The Encyclopedia of Philosophy*，Vol. 7，New York，Macmillan，1967，p. 94.

② ［德］黑格尔：《小逻辑》，355～356 页，北京，商务印书馆，1980。

③ 《马克思恩格斯选集》第 1 卷，158 页，北京，人民出版社，2012。

生了人类思维的原始运用和理性意识的萌芽。直到人类文明时代的开端，由于人类思维能力的发展，哲学才开始了对理性的理论把握，真正开启了人类的理性意识和理性时代。

人们关于理性的理解总是以一定的历史与文化境遇为前提。对"理性"概念的历史追溯必然回到古希腊，正是古希腊的文化与哲学奠定了西方的理性主义传统，"理性概念在古希腊源出 Logos 和 Nous 这两个词，它们表达了理性的最初含义。这两个词本身就属于希腊思想和文化的核心概念"①。

在中国，"理"与"性"古已有之，但将二者合用，作为对 reason 或 rationality 进行翻译的"理性"概念则是现代意义上的中国哲学术语。不过，当我们以西方的"理性"作为参照来反观中国哲学与文化，就会发现，中国的哲学与文化中同样蕴含丰富的理性观念。中西方关于理性的理解固然自古就有着明显的不同，但这两种理解也存在重要的共同之处。在古代社会，中西方对理性的理解最为突出的共同点体现在关于"是什么"的事实认知与关于"应当如何"的价值认知的彼此交错，理性表现为以认识世界为目的的认知理性与具有实践指向的价值理性的深度互涉，两者都从属于一种总体性的理性。

一、古希腊的理性观

在西方，"理性"概念源自赫拉克利特的逻格斯（logos）和阿那克萨哥拉的奴斯（nous），经由苏格拉底、柏拉图和亚里士多

————————

① 张汝伦：《历史与实践》，270 页，上海，上海人民出版社，1995。

德的发展形成了古希腊的理性概念。

在古希腊，逻格斯（logos）的本义是词、话语、言谈，赫拉克利特首次将这个概念纳入哲学中。赫拉克利特以火为始基来解释世界的形成、运动与发展，在他看来，世界就是一团永恒的活火，在一定分寸上燃烧，在一定分寸上熄灭，而火燃烧或熄灭的分寸、尺度和规则就是"逻格斯"。在赫拉克利特那里，逻格斯是一种外在的客观规律，它决定着一切事物的生存灭亡，是支配万物运动的共同法则，因此，逻格斯也是人类必须遵从的普遍尺度、规律和语法。在赫拉克利特看来，思想和智慧的任务就是把握逻格斯，遵循逻格斯才是按照自然和本性行事，只有遵循逻格斯，人才能获得自身的规定。"逻格斯"作为理性概念的核心内容之一，从一开始其含义就具有复杂性，理性既是事物背后的外在于人的规律、宇宙存在的法则与秩序，又是人们虽然"不认识"却内在于人的一种能力；理性既是人的本质，又是人存在于这个世界上必须遵守的存在规范。简言之，"逻格斯"从一开始就包含"实然"（事实）和"应然"（价值）两个维度。后来，西方哲学的理性概念从"逻格斯"中获取的主要是秩序和规律之意，且主要是指理性作为一种人类思维能力的逻辑规范性，很大程度上失去了其存在论与价值论的意义。

奴斯（nous）的原初含义是"看"，阿那克萨哥拉最早赋予它理性含义，把它理解为置身于宇宙之外，超越万物而能动地推动万物的理性灵魂。阿那克萨哥拉认为，种子是万物的本原，并用"奴斯"概念来解决"种子本原说"的动力因问题。奴斯是推动种子结合和分离的东西，也即推动万物运动的东西。奴斯的所有特性都与物质性的存在相对立，它是无形的、无限的和独立的，它能动地支配和安排世间万物的一切运动，使之有秩序，这种秩序就是美和善。阿那克萨哥拉的"奴斯"概念解决了世界背后的动力问题，同样折射了人类精神发展的轨迹，即不囿于感性的物质世界来解释世界本原，而是追求无限与自由，追求美与善的价值。后来的理性概念从"奴斯"中主要获取了精神的主体性、能动性和超越性的含义。在我们看来，"逻格斯"与"奴斯"作为西方理性观念的两个最主要来源，其含义最初确实是含混的，但是这种含混从某种意义上来说实则是一种朴素的"深刻"。

苏格拉底被认为实现了哲学从自然哲学向人的哲学的转向，他使哲学的视野从宇宙转向人自身。在苏格拉底看来，神代表着最高的理性，是神使整个世界服从于"善"。人类灵魂也具有理性的本性，表现为人对世界尤其是自身进行反思的努力和能力，苏格拉底主要关注的是人如何运用理性过上一种有德性的生活。苏格拉底对理性的理解与体现其全部学说要点的论断——"德性（美德）即知识"这一命题紧密相联。德性是指美好的东西和善的品性，人的各种德性的共通本性是理性或智慧。人的灵魂如果能实现自己的本性，就拥有理性和智慧，能认识美德，从而具有辨别真假、好坏的能力，做出正确的选择，成为一个有德性的人；反之，人如果失去理性或认识能力，就会愚昧无知，就不能认识美德，就会表现出各种恶行。苏格拉底认为，人们只要认识到了什么是对的，什么对人有利，就不会有人不去那样做。缺乏德性的人完全是因为认知不够，他们没有认识到什么是美德，或者没有认识到美德的重要性。因此，理性作为人的本性，是一种认识能力，其主要目的就是"认识你自己"，审思生活并追求德性，追求一种有价值的生活。在苏格拉底这里，求真和求善的两种功能是统一的，知行合一、真善一体。苏格拉底被认为是西方认识论传统的开创者，在他那里理性虽然被认为是一种认识能力，但这种认识能力具有追求"好""善"的价值取向，主要追求的是一种内省的知识（德性），而非对外在客观规律的认识。苏格拉底的理性观其实是一种包含了价值意蕴的理性观。

柏拉图的理性观念深受苏格拉底的影响，但同时又不满意他的老师只关注人事、抛弃自然哲学的做法，所以柏拉图重新通过理性来说明整个世界的根本。在柏拉图的"理念论"中，善是最高的理念，是宇宙秩序的安排者和筹划者，是整个世界的目的，是最高、最真的理性。善作为最高的理性决定了生活的价值与意义，是知识和真理的源泉，也是评价生活是否有价值的最终标准。在柏拉图看来，人有了善的理念，就可以通过理性认知善的理念。人通达善的真理之路，一种是辩证法，即理智作为一种纯粹的认识能力不借助任何感性事物，从理念到理念，最后到达"善"；另一种则是借助神秘的理性直观，即灵魂中的理性部分直接注视善的理念。总之，在柏拉图那里，理性就是人具有的通向"善"的可能性和能力，有理性的人才可能具有超越性，才可能过一种有价值的生活。事实上，柏拉图所理解的理性超出了我们通常理解的理性，理性以"善"为存在的原因和最终目的，"善"统摄着"真"。在通向"善"的路途中，最主要的方式——"理性直观"则直接抛弃了知性，这就不是我们所理解的"理性"，而是一种神秘的感悟与体验。可以说，柏拉图也持一种总体性的理性观，在总体性的理性中，他确认了价值的维度在理性中的优先地位，不过他的理性观带有一定的神秘主义色彩。

亚里士多德虽然对柏拉图的理念说多有批判，不过他也把理性理解为通向德性的能力。亚里士多德认为，神是宇宙一切运动的第一推动者，人的理性起源于神的理性。作为形式逻辑的创始人，亚里士多德使逻辑推理更加规范化，因而后世有人指责，正是因为亚里士多德的形式逻辑理论，使得理性能力被窄化为概念、逻辑推理能力。这种理解虽然不无道理，但亚里士多德本意并非如此。亚里士多德认为，人是理性的动物，因为人具有理性，人才具有独特的分辨是非善恶和趋善避恶的能力。"所谓明智，也就是善于考虑对自己的善以及有益的事，但不是部分的……而是对于整个生活有益。"[①]亚里士多德在行为的目的和手段上将理性做了"理论智慧"（智慧）和"实践智慧"（明智）的区分，前者的对象是普遍本质，是为了追寻事实的原因，达到理论知识；后者则是一种实践的智慧，是一种基于整

---

① 苗力田：《亚里士多德全集》第8卷，124页，北京，中国人民大学出版社，1992。

个生活在各具体情境下的考虑、选择、分辨善恶和趋善避恶的能力，表现为权衡、期望和判断。在这里，我们看到了当代科学理性（工具理性或认知理性）和价值理性两种理性维度的雏形。正是在这个意义上，他才将理性视为人独特的自然能力。亚里士多德认为，实践是以善为目的和导向的行为，人们用理性指导自己的行为，就能拥有德性和幸福生活。

不难看出，古希腊的理性与近代西方建构在主客体关系基础上的主体性理性有着重大的区别。首先，古希腊的理性具有明显的本体论色彩。理性不仅仅是人的精神能力，它首先被视为世界的本原。其次，古希腊的理性带有明显的神秘主义色彩。作为人类文明早期的哲学智慧的产物，无论是"逻格斯""奴斯"还是"理性""善"都是先验的、绝对的，甚至是外在的、客观的存在，理性的源头往往被归为至上的神，人的理性来源于神。这样的观点在现代已经很难经得起推敲。人类的思想史表明，但凡要为世界和人类存在寻找一个先验的、绝对的、外在的第一原则时，任何不同的路径和流派的努力最终都是徒劳的。再次，古希腊的理性作为人的能力也不是与感性、知性相提并论的心灵能力。在古希腊，理性开始具有现在被人们广为接受的认识论上的含义，即被理解为人的一种认识能力，或表现为把握"善"的理性直观，或表现为对概念进行逻辑推理的能力，但是这种能力不是与感性、知性相提并论的心灵能力，而是知识和道德共同的基础，是达至真理的中介、手段或途径。最后，对我们的论题最富有启示的是，当古希腊的哲学家把理性理解为一种认识能力时，它一直具有"价值理性"的意蕴，即理性作为一种认识能力，不仅仅是一种追求事实性知识（真）的能力，更是一种通过权衡、选择与判断来认识并追求善、追求价值与意义的能力，它内在地趋向善。

可以说，古希腊的理性观具有本体论、认识论、价值论的多重意蕴，古希腊的理性表现为一种总体性的理性，这可能是由于人类早期社会生活的诸领域还没有因充分发展而分离，与之相应，人类思维能力的抽象水平也比较有限。不过，人们的生活与实践本身就是总体性的存在，领域的分离是一种发展，人类的认识走向明晰也是一种发展，但当我们对社会生活的理解也因领域的分离而片面化，失去一种总体性的视角时，就会出现理论和实践中各种各样的问题。当现代人们用工具理性与价值理性的概念来解释现代性后果，认为工具理性的滥觞、价值理性的衰落是种种现代性后果的根本原因时，这固然是人类实践与人类思维能力发展的必然结果，但此时如若我们回望历史，的确会从古人那里得到深刻启示。

二、古代中国哲学中的理性观

在中国，与 reason、rationality 对应的翻译——"理性"，是十分晚近才出现的概念，诚如张岱年先生所说："'理性'是现代汉语中常用的名词。但是，理性一词，在中国古代典籍中却属罕见，理性是一个来自西方的翻译名词。"①

---

① 张岱年：《中国哲学关于理性的学说》，载《哲学研究》，1985(11)。

不过，在中国古典文献中，存在一些与西方理性概念意义相近的概念。比如"理"和"性"，在《易传·说卦传》中有"穷理尽性以至于命"，将"理"与"性"相提并论，分指天下万物的根本原理、人类的自然本性。《易传·系辞传》中又有言："易简，而天下之理得矣；天下之理得，而成位乎其中矣。"所谓"天下之理"是指世界万物变化发展中固有的内在规律与具体事物的自然本性，具有明显的本体论意味，这层含义是中国哲学中关于"理"的理解中的一个重要维度。"理""性"二字合用也并非没有，比如，《后汉书·党锢列传》中有言："夫刻意则行不肆，牵物则其志流，是以圣人导人理性，裁抑宕佚，慎其所与，节其所偏。"在这里，"理性"是指人类控制自身行为的一种能力，即人修养性情、自我控制与约束。南北朝刘勰在其《刘子新论》中谈及历史上不同的"乐"时指出："淫泆、凄怆、愤厉、哀思之声，非理性和情德音之乐也。""理性者使刚而不猛，柔而不懦，缓而不后机，急而不懁促。"在这里，"理性"并无规律、本性之意，而是指与"情""德"相对应的节制、适度与合序。在宋明理学中，"理"自然是基本概念，关于"理""理性"的论述更是比比皆是。除此以外，一些从形式上看与"理性"并无关联的概念，究其实质却表达了中国哲学关于"理性"的独特理解，如"思""心""道"等。中国传统哲学中的"理性是一个认识论的范畴，又是一个伦理学的范畴……理性即是认识客观规律的能力或认识道德准则的能力"①。只要不拘泥于词句，我们就会发现中国哲学中也存在独具特色的理性观及其历史演变。

先秦时期，包括"理"在内的一系列与西方理性十分接近的概念被提出来，不同思想流派都提出了自己各具特色的理性观。

在中国古代哲学史上，第一个比较明确地提出关于理性的学说的人是孟子。②儒家对人的理解往往在"人禽之辨"的模式下展开，孟子认为："人之所以异于禽兽者，几希，庶民去之，君子存之。"③而人与禽兽的区别在于"心"能"思"，并且能通过"思"觉悟到根于"心"的"仁义礼智"。孟子说："耳目之官不思，而蔽于物，物交物，则引之而已矣。心之官则思，思则得之，不思则不得也。"④孟子将"心之官"与"耳目之官"相区别，"耳目之官"即人的感官，"心之官"即人的思维器官，心能进行思维活动，为人所独有。"心之所同然者何也？谓理也，义也。圣人先得我心之所同然耳。"⑤人心共通之处就是"理""义"。孟子又说："尽其心者，知其性也。知其性，则知天矣。存其心，养其性，所以事天也。""君子所性，仁义礼智根于心。"⑥这就是说，人心共有理、义及仁义礼智等美德，一个人尽自己的心就是觉悟到了自己的本性，而人的自然本性与自然界的必然性相

---

① 张岱年：《中国哲学关于理性的学说》，载《哲学研究》，1985(11)。
② 张岱年：《中国哲学关于理性的学说》，载《哲学研究》，1985(11)。
③ 《孟子·离娄下》。
④ 《孟子·告子上》。
⑤ 《孟子·告子上》。
⑥ 《孟子·尽心上》。

通，人觉悟到自己的本性也就懂得了天命。显然，在孟子这里，"思"是人所独有的区别于感性认识的思维能力，"思"的内容与对象是"理""义"，"思"的目的就是觉悟和养护人天生具有的"善性"，进而顺应天命。孟子所谓的"思"不仅是一种人所独有的认识能力，就其内容与目的而言，它更是一种内在地趋向于"善性"的能力，与道德价值和谐统一，在含义上十分接近柏拉图的"理性直观"。

荀子继承了以道德作为人之为人的根本的儒家通义，并把理性视为人的德性养成的内在基础。荀子说："水火有气而无生，草木有生而无知，禽兽有知而无义；人有气、有生、有知，亦且有义，故最为天下贵也。"①在荀子看来，天地万物由气化育而成，是气化育出的不同存在形式，其中人是宇宙万物间最为优越的存在，原因在于人的生命包含"义"即道德的向度。不过，与孟子的"性善论"认为道德是人生而具有的性情与气质禀赋不同，荀子认为，人天生的本性之中并无道德感情和道德意识，只有主体发挥自己的理性能力，在不断的实践中才能在道德上自我实现。荀子提出："人生而有欲，欲而不得，则不能无求，求而无度量分界，则不能不争，争则乱，乱则穷。先王恶其乱也，故制礼义以分之。"②这是说人生来就有各种欲望，一旦人对欲望的追求没有一定的标准限度就会引发争斗、混乱，并最终使人们陷入穷困之中。为了避免国家的混

---

① 《荀子·王制》。
② 《荀子·礼论》。

乱，圣人依据对社会治乱客观规律的认识，理性地制定出一系列道德准则。① "仁义""礼乐"是"天下之大虑也，将为天下生民之属长虑顾后而保万世也"②。道德准则源于圣人的理性创制，那么，常人又何以成长为道德的主体呢？"凡禹之所以为禹者，以其为仁义法正也。然则仁义法正有可知可能之理。然而涂之人也，皆有可以知仁义法正之质，皆有可以能仁义法正之具，然则其可以为禹明矣。"③这就是说，固然只有圣人才能制定出道德法则，但是任何人都有成为道德主体的禀赋与能力，这种禀赋与能力实际就是"心"所具有的理性力量。"性之好、恶、喜、怒、哀、乐谓之情。情然而心为之择谓之虑。心虑而能为之动谓之伪；虑积焉，能习焉，而后成，谓之伪。"④与作为欲望、情感等人类生命的感性层面的"性"不同，"心"能"择"、能"虑"，这就使得人不仅依据欲望、情感行事，还可以依据自己的理性对事物做出分辨与判断。"人何以知道？曰心。"⑤人"心"具有认识能力，可以知晓天地万物变化发展的内在规律，不过，这种分辨与判断并不限于对事实的认知，最重要的是根据圣王制定的礼来分辨与判断对与错、是与非、好与坏、善与恶、正当与不正当等："辨莫大于分，分莫大于礼，礼莫大于

---

① 荀子的观点与近代西方伦理学上的功利主义有很多共通之处，二者都强调人类长远利益是道德的基础。不同之处在于，荀子认为道德是圣人根据人类长远利益制定的，西方功利主义伦理学认为道德应该根据人类的利益制定。

② 《荀子·荣辱》。

③ 《荀子·性恶》。

④ 《荀子·正名》。

⑤ 《荀子·解蔽》。

圣王。"①不难看出，荀子秉持的也是整体的理性观，"心"有认识宇宙万物的能力，但更为重要的是，"心"使人们"化性起伪"，节制与调节自然欲求和情感，不断地修养自己的德性，荀子更为强调的显然是作为"实践智慧"（明智）的那一部分理性能力。

与儒家将人的理性能力与道德实践紧密联系起来不同，墨家理性观的突出特点是考察人所具有的理性推论能力，即思辨理性，强调对思维法则的遵循。墨家对感性认识与理性认识进行了区分，"知，接也"②，"知也者，以其知过物而能貌之，若见"③；"知，明也"④；"知也者，以其知论物，而其知之也著，若明"⑤。这就是说，人有两种认识，一种是通过与事物的接触形成的对事物表面现象的认识，一种是通过对事物进行分析、整理、抽象和思考来把握事物的本质和规律，这种理性认识是比感性认识更清楚明白、更深刻的认识。墨家认为人的认识器官各有功能，感性认识来源于感觉器官，而"心"则是人进行思维活动的器官。"循所闻而得其意，心之察也。""执所言而意得见，心之辨也。"⑥墨家还根据知识的来源把知识分为"闻知""说知"和"亲知"，其中"说知"是指从已有的知识推理而得的知识，

① 《荀子·非相》。
② 《墨子·经上》。
③ 《墨子·经说上》。
④ 《墨子·经上》。
⑤ 《墨子·经说上》。
⑥ 《墨子·经说下》。

墨家特别重视这类知识，认为这些知识最为清楚明白，不但知其然，并且知其所以然："说，所以明也。"①正是基于此，墨家具体地分析了人的思维能力，研究了各种推论形式，创立了可与西方逻辑媲美的逻辑学说。

道家的理性观同样别具一格，道家虽然承认理性及理性知识的重要性，但表现出了明显的非理性主义与非道德化的倾向。道家以道来说明世界的本原，而道与理相通："道，理也。"②道是支配世间一切事物的宇宙本原，理则是道表现在具体事物之上的变化规律和自然本性，理是道的外化表现。道家认为"知常"即通晓具体事物的变化规律和自然本性，它十分重要，因为："知常曰明，不知常，妄作凶。"③不过，"知常"是普通的理性认识，获取的是一般知识，而"道"却不可能通过理性方式来把握，只有在"玄览"中才能"见道"："涤除玄览，能无疵乎？""明白四达，能无知乎？"④"玄览"则是一种神秘的直观。如前所述，在儒家那里，人的理性能力是人可以寻求"仁义"等道德价值，成长为道德主体的重要前提，但老子的态度是，儒家所倡导的"仁义"不过是在"道"失落后刻意为之的"下德"："失道而后德，失德而后仁，失仁而后义，失义而后礼。夫礼者，忠信之薄而乱之首。"⑤"玄德""上德"才是最高和最深刻的

---

① 《墨子·经上》。
② 《庄子·缮性》。
③ 《老子·十六章》。
④ 《老子·十章》。
⑤ 《老子·三十八章》。

德，因为它是"道"的根本体现。

先秦诸子关于理性各有论说，但在后来的发展中，儒家奠定了中国哲学关于理性理解的主流，后世儒家对其与道德价值、道德实践紧密相联的以"实践理性"为主体的理性观做了大量的丰富与发展。汉代董仲舒提出"性有善而非全善"的观点，他指出："善出性中，而性未可全为善也。"①孟子认为"有善端"就是"性善"，董仲舒却认为"有善端"并不意味着有"性善"，"这是由于孟子所谓性与董仲舒所谓性意义不同。孟子所谓性专指'人之所以异于禽兽'的特点，董仲舒所谓性则指人的自然本性"②。董仲舒认为："天两，有阴阳之施，身亦两，有贪仁之性。天有阴阳禁，身有情欲柜，与天道一也。"③这是说，天有阴阳二气化生万物，人身与天同，其自然本性具有两面性，其中既有道德潜能即仁性，又有贪性即情欲。在董子看来，如同天虽出阴气而犹禁之，人也顺应天道，虽有情欲之贪但能抵御情欲。"人受命于天，固超然异于群生，入有父子兄弟之亲，出有君臣上下之谊，会聚相遇，则有耆老长幼之施，粲然有文以相接，欢然有恩以相爱，此人之所以贵也。"④董仲舒认为，道德潜能和情欲都是人固有的自然本能，人之所以超越于世间万物，是因为人可以通过后天的理性培育与教化使道德潜能转化为现实，发展成具有道德修养的人。

---

① （汉）董仲舒：《春秋繁露·深察名号》。
② 张岱年：《中国哲学关于理性的学说》，载《哲学研究》，1985(11)。
③ （汉）董仲舒：《春秋繁露·深察名号》。
④ （汉）董仲舒：《举贤良对策三》。

　　宋明理学将"理"发展为其核心概念。北宋理学家张载认为，宇宙是天人统一的整体，太虚之气是其本体，气自身运动的内在原因或根本动因是"性"或"神"，气化运动的必然性过程则是"道"："神，天德，化，天道；德其体，道其用。"①在张载看来，太虚之气（"天地之性"）也是人性的本体，经过气化运动形成具体的人性（"气质之性"），"天地之性"至纯至善，而"气质之性"则有善恶贤愚，他认为认识和修养的目的就是"尽性穷理""穷神知化"，使变化的"气质之性"实现"天地之性"，实现"天人合德"。张载将人的认识分为"见闻之知""德性之知"和"大心所知"三个类型。其中"见闻之知"即感性认识，是人通过感官接触外物而获得的认识，张载肯定"见闻之知"是认识的重要方面，但是，"世人之心，止于闻见之狭。圣人尽性，不以见闻梏其心……见闻之知，乃物交而知，非德性所知；德性所知，不萌于见闻"②。普通人常常止步于狭隘的经验性认知，圣人却能穷尽事物的本性，不为事物的表象所困扰与蒙蔽。"德性之知"不来源于感性认识，它高于"见闻之知"，是人积极发挥"心"的作用体认到的事物本性。张载最为推崇的是"大心所知"，"大其心则能体天下之物"③。"大心"不是对具体事物本性的认识，而是从宇宙本体、根本法则的高度来体认万物，是真正的"穷心尽理"与"天地合德"的最高境界，是把握"天德"的哲

---

① （宋）张载：《正蒙·神化篇》。
② （宋）张载：《正蒙·大心篇》。
③ （宋）张载：《正蒙·大心篇》。

学思维。"德性之知"和"大心所知"所把握的"德性"和"天德"都具有双重意味，既是今人所谓的道德，又指万物的本性。与之相应，"德性之知"和"大心所知"既有类似于理性认识、哲学思维的方面，又有接近神秘的直觉的方面，但是无论如何，在张载这里，道德（价值）与理性高度融合，正如张岱年先生指出的那样，"张载所谓德性，也就不是思辨的理性，而是道德的理性"①。

南宋著名思想家、理学家朱熹强调"性即理"。朱熹说："性即理也。天以阴阳五行化生万物，气以成形，而理亦赋焉……于是人物之生，因各得其所赋之理，以为健顺五常之德，所谓性也。"②这就是说人性即天理，一方面，在逻辑上理居于性之先，理是公共之理，性源于理，是天与理共同作用于人之上的结果，在天通过阴阳五行之气化生万物的同时，理也被赋予万物之上；另一方面，从质上而言，性同于理，人性是天理的变形，人得理则成人之性。人性与天理相通，是一而二、二而一的，"以天道言之，为'元亨利贞'……以人道言之，为仁义礼智"③。在朱熹看来，有两种不同意义的性："有两个'性'字，有所谓'理之性'，有所谓'气质之性'。"④"理之性"是"天地之性""本然之性"，纯善无恶，即仁义礼智之性；"气质之性"则有善有恶，既有趋向于善的成分，也有情欲的成分。朱熹所

---

① 张岱年：《中国哲学关于理性的学说》，载《哲学研究》，1985(11)。
② （宋）朱熹：《中庸章句》。
③ （宋）朱熹：《朱子语类》卷六十八。
④ （宋）朱熹：《朱子语类》卷九十五。

谓"理之性"是超越感情和认识的，是不变的善。朱熹又区分了"心"与"性""理"，心中包含性，但心并非理，"灵处只是心，不是性，性只是理"①。"心包万理，万理具于一心。"②这就是说，心具有能动的知觉和思维能力，它可包容和承载理，是"能觉者"，而性则是心所应当认识的内容，人具有道德本性，但是只有人自觉地格物穷理，不断地发挥心的能动作用，才能使心不断地积蓄理，从而使人达到道德本性的自觉，即"心与理一"。通过"性即理"，朱熹说明了仁义、五常的先天性，也肯定了人通过自觉的道德修养实现天理的可能性。

明末清初的王夫之在人性论上深受程朱学派的影响，但是提出了颇有创新的"性日生日成"的理论。王夫之肯定朱熹关于人有仁义礼智之性且仁义礼智之性受之于天的观点，他提出："天以其阴阳五行之气生人，理即寓焉而凝之为性。故有声色臭味以厚其生，有仁义礼智以正其德，莫非理之所宜。"③人由气化育而成，气中之理表现在人身上就是人的本性，人的本性既有作为道德基础的仁义礼智之性，又有作为欲望情感的声色臭味。但是，王夫之强调性是可变的："目日生视，耳日生听，心日生思；形受以为器，气受以为充，理受以为德。"④这就是说人的感性认识（视、听）、理性认识（思）都是日益增长的，而随着对客观规律（理）的认识的增进，人的道德修养（德）就会不

---

① （宋）朱熹：《朱子语类》卷五。
② （宋）朱熹：《朱子语类》卷九。
③ （明）王夫之：《张子正蒙注》卷三。
④ （明）王夫之：《尚书引义》卷三。

断提高。

　　清代著作思想家戴震对"心""性""理义"的理解对前人超越甚多。与前人一样，戴震也认为人类的道德以天道为根据。但是，戴震认为理义不是心中固有的，理义存在于事物及事物的相互关系中，要识得理义，就必须以心对事物加以剖析，而所谓性善就在于人能明理义。"明理义之悦心，犹味之悦口、声之悦耳、色之悦目之为性。味也声也色也在物，而接于我之血气，理义在事而接于我之心知。血气心知，有自具之能，口能辨味，耳能辨声，目能辨色，心能辨夫理义。"①戴震强调理义是客观的，是心的对象，人们通过对事物的分析就能发现蕴含其中的理义，"理义在事情之条分缕析"②。

　　当我们将一系列与西方"理性"相近的概念进行一种综合性梳理与考察时，我们就不难发现，同样受限于人的认识与实践水平，中国古代哲学也持一种总体的理性观。这些与西方"理性"相近的概念含义都十分丰富、复杂与含混，"心""思"并未被片面地理解为人的认识或思维能力，更重要的是被理解为达至"德性"的能力，"道""性"等兼具本体论和伦理学意味，"理"更是具有本体论、认识论和伦理学等多重意义。可以说，在中国古代传统文化，尤其是作为中国古代哲学主流的儒家哲学中，理性与价值（主要是道德价值）一直高度融合，中国哲学强调以人所独有的思维能力来实现人的行为的合理性，即合道德

---

　　①　（清）戴震：《孟子字义疏证》卷上。
　　②　（清）戴震：《孟子字义疏证》卷上。

性，具有明确的实践指向与价值维度。

但是近代以来，在卷入西方国家构建的现代世界的过程中，中国传统文化中的理性观遭遇了巨大冲击。自晚清以来，中国人被迫睁眼看世界，自居天下中心的天国因落后而挨打，不得不重新理解由西方人开创的现代世界。一方面，作为被侵略的国家，中国自然而然地从情感和道义的角度对西方国家进行谴责；另一方面，在理智上，中国却不得不认同西方国家代表的现代发展方向，自觉地探索现代化道路，自觉地接受西方思想文化，试图通过现代化实现民族复兴。在这种情感与现实的纠结中，国人对传统文化进行了彻底的反思与清算，在这一过程中，传统文化中实用理性的部分与西方近代文明中的工具理性逐渐结合，渐渐造成了近代中国文化中价值理性式微的局面。"中国文化作为审美文化形态本身更多的倾向价值理性，但是它在近代被中国人所追求的富强的目标取代了，于是乎传统文化中的实用理性①与目的—工具理性在中国社会大行其道，给中国整个社会带来了功利性的运作模式，也功利性地保留了一些传统。"②中国走向世界的过程，不可避免的也是国人对理

---

① 李泽厚说："这批旧学深厚、饱读诗书的知识者之所以能如此彻底否定传统，接受西方文化，又仍然与自己文化中缺少宗教因素、不受盲目信仰束缚，积极追求改善自己（'自强'、'日新'）、一切以理性的考虑作标准和依归有关。即不管传统的、外来的，都要由人们的理知来裁定、判决、选择、使用，这种实用理性正是中国人数千年来适应环境而生存发展的基本精神。它最早成熟在先秦各家的社会政治哲学中，而在孔家儒学传统中表露得最为充分。所以，有趣的是有些反孔批儒的战士却又仍然在自觉不自觉地承续着自己的优良的传统，承续着关心国事民瘼积极入世以天下为己任的儒学传统。"（李泽厚：《中国现代思想史论》，13页，北京，东方出版社，1987。）

② 潘维、廉思主编：《中国社会价值观变迁30年（1978～2008）》，31页，北京，中国社会科学出版社，2008。

性的理解总体上走向西方理性观的过程，因此，中国的现代化过程也难免遭受西方重工具理性的现代化模式的某些后果。不过，饶有趣味的是，当西方重工具理性的现代化模式给自然、社会和个体的精神世界带来种种不良后果时，不少中西方学者不约而同地将寻求解药的目光投向了中国传统文化，他们认为，中国传统文化中包含某种超越现代性的智慧，中国传统文化可以为反思西方理性观提供有益的思想资源。

第二节　近代价值理性的失落及其反思

通常理性观的转折被认为是伴随着近代文明的兴起而发生的所谓"认知理性观"的建立，总体上来说，这一判断并无太大问题。但是，历史是连续的，理性观并不是在近代突然背离了"价值理性"的，中世纪是近代理性观转折的重要中介环节，在一定意义上，近代理性对"价值理性"的背离是自古罗马教父哲学至中世纪经院哲学发展的必然结果。

正如我们对古希腊理性观的分析所显示的，古希腊哲学固然奠定了西方世界的理性主义传统，但是其时理性并未摆脱原始宗教的影响，带有神秘主义色彩。随着古希腊文明的陨落和古罗马时代的到来，源自"奴斯"的自由、超越的精神与基督教紧密结合，将人们带入了由上帝提供根本价值观照与意义关切、人们科学理性失落而"价值理性"极度膨胀的时代。按照马克斯·韦伯对"价值理性"的理解，在宗教统治人们的精神世界的时代中，价值理性是没有任何问题的。事实上，教父哲学的最重要代表奥古斯丁的"信仰高于理性"的思想与韦伯对于"价值理性"的理解如出一辙。

在基督教的教义中，上帝全知、全能、全善，上帝创造了万物，并且为世界提供终极价值尺度。这样，"上帝"解决了古希腊哲学中借助逻格斯、理念或神来解释的世界本体、人的本性与终极追求等问题。上帝以神圣的理性统治着宇宙，使其具有秩序，上帝是最高的善，上帝为人规定了行动的规范、内容、标准和最终的方向。人是上帝的宠儿，因为人拥有意志自由，可以成为自然界的统治者，但是人是有原罪的存在，人的理性能力也是由上帝赋予的，因此，人只有通过信仰、热爱和追随上帝，才能洗涤自己有原罪的灵魂，使自身得到拯救。这样，拥有理性能力的人的全部的生活就是认识上帝、面向上帝，在上帝的末日审判中接受自己的终极命运。

当基督教以神启的方式来为人提供终极价值，为单个个体判定最终归宿时，理性在古希腊时期内含的价值维度就被上帝接管了，理性所能把握的维度只有关于事物的认识。在上帝创造了世界和秩序的基础上，人就只需要对世界的秩序进行认识，而且以概念性语言准确地将它表达出来。在基督教神学中，理性确实与"价值"（宗教信仰）紧密相联，但理性作为人的一种能力始终笼罩在上帝"理智之光"的光照之下，并且从那时开始理性的内涵开始萎缩，被抽象为对客观存在的认识能力，因为对价值的理性认识已经由上帝完成了。不论阿奎那等人如何注重调和理性与信仰的关系，在漫长的欧洲中世纪，理性观的主流就是认为理性是神学的工具，哲学就是神学的婢女；而且，经院哲学运用亚里士多德的形式逻辑三段论来进行烦琐的神学论证，进一步将理性的作用限于逻辑论证。到了中世纪的后期，就连经院哲学的内部也开始对经院哲学的无聊争论感到厌倦，罗吉尔·培根就认为宗教神学扼杀了人们的精神，给人类在掌握真理的道路上设置了层层障碍；奥卡姆则反对靠神启示来获得知识，推崇理性并肯定主体的认识能力。

在基督教统治西方千年之后，随着文艺复兴和启蒙运动的推进，尘封已久的古希腊理性传统重新焕发生机，经院哲学受到了外部的世俗文化和内部批判的双重冲击，最终结果是思想家把目光从神转向现实世界的人以及人赖以生存的自然界，而理性也摆脱了上帝"理智之光"的光照，从为上帝作辩护的单调任务中解脱了出来，真正成为人的理性，成为人的主体性的确证。笛卡尔作为理性主义之父清晰地指出，只有"理性"才是判别是非的标准，一切事物和观念都应拿到理性的面前来进行评审，人的理性取代上帝成为一切的标准，甚至关于上帝的种种论断，在以莱布尼茨为代表的唯理论者那里也完全由概念推理得出。伴随着自然科学的发展和资本主义的勃兴，人类进入了理性精神的黄金时代，恩格斯这样描述这个时代："宗教、自然观、社会、国家制度，一切都受到了最无情的批判；一切都必须在理性的法庭面前为自己的存在作辩护或者放弃存在的权利。思维着的理性成了衡量一切的唯一尺度。那时，如黑格尔所说的，是世界用头立地的时代。"①

　　但与人的理性和主体性的彰显相伴随的是，理性并未重新回归古希腊的价值论含义，而是失去了"善"的指引，也失去了神性的光辉，从而与价值分离。经验论者与唯理论者为知识的来源问题争论不休，但他们都要为理性自近代以来被片面理解负责，理性作为人的能力要么是经验事实的分析与归纳能力，要么就是理性直观及演绎能力，其目的就是要获取知识，这种知识不是如何达至"善"的知识，而是具有普遍有效性的、确定的、必然性的科学知识。自然科学的目的是掌握自然界事物变动中的规律性，其目的是增强人类的"力量"。现代化过程中，这种力量从最初培根所言的认识自然是为了"顺应"自然，最终走向了"征服"自然，将理性工具化的力量体现得淋漓尽致。

　　第一个将理性与价值相分离的趋势在理论上加以确证的是英国经验主义哲学家休谟，他将事实与价值（"是"与"应该"）进行了严格的区分。休谟发现在传统道德哲学体系中，"是"与"应该"的适用存在着相当的混乱。休谟指出：

　　　　在我所遇到的每一个道德学体系中，我一向注意到，作者在一个时期中是照平常的推理方式进行的，确定了上帝的存在，或是对人事作了一番议论；可是突然之间，我却大吃一惊地发现，我所遇到的不再是命题中通常的'是'

---

① 《马克思恩格斯全集》第 26 卷，19～20 页，北京，人民出版社，2014。

与'不是'等连系词，而是没有一个命题不是由一个'应该'或一个'不应该'联系起来的。这个变化虽是不知不觉的，却是有极其重大的关系的。因为这个应该与不应该既然表示一种新的关系或肯定，所以就必需加以论述和说明；同时对于这种似乎完全不可思议的事情，即这个新关系如何能由完全不同的另外一些关系推出来的，也应当举出理由加以说明。①

休谟又进一步指出："理性的作用在于发现真或伪。真或伪在于对观念的实在关系或对实际存在和事实的符合或不符合。"②而人们对善恶（好坏）的区分不是源于理性而是源于道德感，这类关于"价值"（"应该"）的知识不是与事实是否相符合的知识，而且也无法从关于事实的知识来推断得到人们行为的正当性原则。"道德法则并不是我们理性的结论。"③人们通过观察不同的行为、情绪引起的快乐和痛苦的感情来区分善恶，从而指导自身的行为。可见，休谟不仅将理性与价值区隔开来，而且将价值领域、道德领域的事完全交给了非理性的情感。在理论上来说，事实与价值的区分是一个重大的发现，价值原则的普遍性确实无法还原为某种客观实在。不过，当人们近代以来将理性理解为一种追求普遍必然的科学知识的能力，把知识理

---

① ［英］休谟：《人性论》下册，509～510 页，北京，商务印书馆，1980。
② ［英］休谟：《人性论》下册，497 页，北京，商务印书馆，1980。
③ ［英］休谟：《人性论》下册，497 页，北京，商务印书馆，1980。

解为认识的内容与客体的对应关系，认为只有无前提的、价值无涉的知识才配得上科学一词时，已经将价值的维度从科学知识中排除出去，将理性从价值领域中排除出去了，对理性的工具性理解也已经成为人们思维的基本趋势。实际上，事实与价值的区分早在中世纪经院哲学中就已然存在，休谟只是在理论上最终将之确证而已，因而不过是一种事后的追认。在反思近代以来的认知理性、现代化过程中高歌猛进的工具理性，即追溯"价值理性"失落的源头时，人们常常认为休谟的区分要负最大责任，虽然笔者无意为休谟"正名"，但给予休谟过多的责备从某种意义上来讲多少有点不当。何况，休谟的出发点正是对近代以来理性的虚妄进行批判，这种批判精神直接导致康德开始了对"人类理性"的艰苦的审查。

康德有感于人类理性毫无限制的运用，以及由此带来的在上帝受到人类理性追问之后人类实践的终极价值的危机，因而他的批判哲学首先就是对人类认识能力——理性及其限度的批判考察。他提出了理论理性和实践理性的区分，实践理性是理性在实践中的运用，涉及的是人的道德活动。通过理性的二分，康德为理论理性划界，明确实践理性的意义，从而批判理性的误用并解决近代理性工具论的问题。在康德看来，实践理性是道德行为的原因，它能够把握先天的道德法则，并依照其行动。这种实践理性并不是指在具体的实践活动中的善恶判断与选择的能力，而是超验的人类实践活动的价值依据、理想性的目标和行为规范，作为绝对命令提供人行为的应当性原则

（在这一点上区别于亚里士多德的实践理性——明智）。这意味着，无论在具体的实践中人是否按照这种普遍法则去做，也无论在按这种普遍法则去实践的过程中付出何种代价，完全无损于绝对命令的存在。康德用精心论证的实践理性来为人类提供终极的价值基础，并以此来对抗具体实践中的工具性权衡，但正如康德在后期关注实践理性的实现问题时已经意识到的，在道德实践的领域中，绝对命令只能是一个预设，得不到完全的执行，实践理性在实践的领域中遇到了最大的困境。就康德的实践理性就是想解决价值的理性基础问题而言，我们可以将之称为"价值理性"，但问题是这种"价值理性"难以抵御理性工具性的进攻。简言之，康德在逻辑上为人类提供了终极价值，但无力解决实践中的价值问题，也没有真正将理性运用于价值领域中。康德关注的是价值认识论领域的理性，而非价值实践的理性，虽然康德自己将这种理性命名为"实践理性"。

马克斯·韦伯深受康德理性二分的影响，他第一个明确提出"价值理性"概念，并用"价值理性"与"工具理性"的分裂来描述现代性的后果。在韦伯眼里，宗教改革时期清教徒的生活算得上是工具理性和价值理性完美结合的典范。西方宗教性的终极价值，即被拯救的信仰，界定了清教徒们在现世努力的目标，以及实现这些目标的合理手段。清教徒们勤奋地工作，节俭地生活，尽可能多地积累财富。所有这些，背后都有一个更根本的价值追求，即荣耀上帝并强化自己被拯救的信念。正因为如此，财富之于清教徒的重要性必须与被拯救的信仰联系在一起考虑，一旦离开了后者，财富就成为彻底的身外之物，成为"披在他们肩上的一件随时可甩掉的轻飘飘的斗篷"①。在这里，工具理性被严格限定在"工具"的位置上，其存在的合理性只有联系到它对终极价值的贡献上才可以成立。但是，随着世俗化过程的深入，宗教的力量产生了变化，原有宗教逐渐失去其在社会上主导的位置，宗教不再能够提供约束工具理性的价值目标。在这种情况下，工具理性僭越其工具位置，取得了目的的地位，并将自身凌驾于价值理性之上。

韦伯认为，新教伦理将生产和赢利视为"为上帝增加荣耀"，将工作和赚钱视为自己的"天职"。的确，早期的处在资本主义原始积累阶段的很多资本家将资本的积累，将生产和赢利视为一件"神圣的事业"，视为"上帝的召唤"。但随着资本主义发展到垄断资本主义阶段，新教伦理导致了自己的对立面的产生。本来提倡禁欲与勤勉的新教伦理却导致了工具理性的产生，到了韦伯所处的时代，韦伯见到的资本家开始变得利欲熏心，变得为了赢利而赢利，为了赚钱而赚钱，全然不顾"上帝的召唤"和"天职"，他们使用精密的理性计算技术把社会中的一切都全盘"理性化"了，一切都变成自己赢利的工具，利益成为价值判断的唯一标准。资本家从兢兢业业的清教徒变成了"没有精神的专家，不懂感情的享乐者"。因此，韦伯认为资本主义的合理性是一种"工具的合理性而非价值的合理性"。韦伯

---

① ［德］马克斯·韦伯：《新教伦理与资本主义精神》，142页，北京，生活·读书·新知三联书店，1987。

认为，工具理性是以"目的、手段和相应的结果作为行动（行为）的取向，并将其与各种可能的目的进行比较，从而做出合乎理性的权衡"。而价值理性则是"价值合乎理性的，即通过有意识地对一个特定的举止的——伦理的、美学的、宗教的或作任何其它阐释的——无条件的固有价值的纯粹信仰，不管是否取得成就"①。事实上，韦伯所理解的"价值"接近于张岱年先生提出的"本体价值"这一概念，即相信某一事物具有"优异的特性"②，因而是值得追求的，"说一类价值是内在的，仅仅意味一物是否具有它，在何种程度上具有它，单独依靠该物的内在性质"③。

因为本体价值是事物内在的，是值得追求的，因而行动者便无视外在的条件而坚持去做。因此具备价值理性的行动者只服从义务、尊严、美和宗教上的信念，完全无视任何其他的条件，不计算行动的代价，不考虑成本与收益，甚至不去想是否会成功。相比之下，工具理性的行动是行动者将目的、手段和附带后果作为行动的依据，行动者把目的和手段、目的和后果、行动的各种可能相比较做出合乎理性的权衡。在笔者看来，韦伯区分的价值理性和工具理性在特定的时代背景下有着积极的理论反思和批判意义，对于唯利是图的资本家而言，他们缺乏的不正是对于一些具有美好的固有内在价值之物的追求

① ［德］马克斯·韦伯：《经济与社会》上卷，56 页，北京，商务印书馆，1997。
② 张岱年：《论价值与价值观》，载《中国社会科学院研究生院学报》，1992(6)。
③ G. E. Moore，*Philosophical Studies*，London，Routledge，2000，p. 266.

吗？情感、价值、意义在工具理性这种单向度的理性观视角下被视为非理性，人类行动的丰富意向性有被简单地还原为工具性的趋势。在《新教伦理与资本主义精神》一书的结尾，韦伯一反全书对理性所持的冷静、客观，多少带有肯定的语调，对西方文明(乃至世界文明)的未来做出了极其悲观的预测："专家没有灵魂，纵欲者没有心肝；这个废物幻想着它自己已达到了前所未有的文明程度。"[①]"专家"是科学理性的象征，"纵欲者"则是物质文明的象征，这两者都是工具理性发展的产物；"灵魂""心肝"代表着价值理性方面的追求。"没有灵魂的专家""没有心肝的纵欲者"，正是价值理性完全被工具理性压倒的结果。"理性化导致了非理性的生活方式"，这就是韦伯的"理性化的吊诡"。

由于价值理性不受目的、手段的制约，不计成本和后果而只顾"固有价值"的实现，因而其本质上是非理性的。连韦伯自己也承认，"价值理性始终是——而且当它愈将所指向的价值提高为绝对价值，则愈益表现为——非理性的"[②]。

在现代性严重的后果面前，无论是霍克海默和阿多诺提出的"启蒙的辩证法"，还是马尔库塞所谓的"单向度的人"，最终都证实了工具理性对人类存在和发展而言也是一种非理性。

因此，韦伯所区分的两种人类行为的合理性(工具合理性

---

① [德]马克斯·韦伯：《新教伦理与资本主义精神》，143 页，北京，生活·读书·新知三联书店，1992。

② [德]马克斯·韦伯：《韦伯作品集Ⅶ：社会学的基本概念》，32 页，桂林，广西师范大学出版社，2005。

与价值合理性)其实都具有非理性的因素。韦伯看到了现代性的问题是理性的工具性得到过分强化，人类失去了终极价值的指引，但他最终借助非理性的"价值理性"来为人类行为树立价值方向，跟康德先验的实践理性碰到的困难并无二致，理性仍徘徊在价值领域之外。

从康德、韦伯到将工具理性批判进一步深入的法兰克福学派，这些时代的反思者们都深刻地意识到，在现代性的浪潮中，理性被片面地理解和运用了，认为理性的工具性理解成为理性唯一的内容。如果说人类有终极信念，那这个信念就是历史进步主义，就是坚信人类力量对自然的征服；如果人类在日常生活中有"价值理性"，那这种"价值理性"就是资本逻辑下的利益和目标的算计。正如有学者指出的："价值观念不是被看作理解人类生活的内在价值的尺度，而是被理解为服务于工具理性的社群凝聚剂，理性似乎不能绕过工具理性的中介直接对价值观念的演进有所作为。"①康德、韦伯都想在理性的范围内解决终极价值问题，但他们试图树立起的"价值理性"在工具理性面前、在现代性的发展模式面前似乎软弱无力，理性似乎无法解决价值问题。

第三节　当代价值理性的多元理解

康德和韦伯揭示的问题在当代社会的发展中不仅并未得到

---

① 翟振明：《价值理性的恢复》，载《哲学研究》，2002(5)。

解决，反而更加严重和复杂。这一状况的直接反映有以分析哲学为代表的对"人类的命运""生存的意义"等"形而上学"问题的回避，但更多的思想家苦苦思索的仍是为价值提供根本性的说明，为人类提供终极价值对抗工具理性。在这一问题上当代思想家形成了两条判然有别的理论路径。第一条路径是仍然试图重建价值理性，以理性为基础来解决价值问题，其代表人物哈贝马斯、阿佩尔等人，他们用交往理性（communicative rationality）、程序正义来重建价值理性。这种基于公私领域二分的理想模式的交往理性确实很有启示，但又由于哈贝马斯对交往理性赖以存在的理想言语环境（ideal speech situation）的过多预设，最终没有走出与康德类似的理想主义和形式主义。第二条路径则是拒斥理性主义、否定价值理性的后现代主义。后现代主义与叔本华、尼采等从意志、情感等非理性因素中去寻找价值的来源的思想不无关联，在尼采提出用强力意志来"重估一切价值"的时候，非理性主义就已打开了价值领域的大门。在后现代主义思潮中，理性和价值终于彻底割裂，人们很快看到价值问题陷入相对主义和虚无主义的泥潭。

理性的工具化理解最终带来了深重的后果，如果没有一种终极价值来指导，人的活动最终会陷入不知所向的困境，因此人不能放弃对终极价值的追求。而且，只要是人的实践活动，就不可能是价值无涉的，价值中立也是一种价值取向。正因为如此，现象学家胡塞尔最终放弃了追求无前提的哲学而回归了生活世界。可是，如果理性放弃整个价值领域，将价值问题交给情感等非理性因素，这样所带来的相对主义的理论困境显而易见。同样不难想象的是，相对主义将给人们的日常生活以及整个人类的存在带来混乱。因此，将价值问题完全交付于非理性的因素是不可靠的，必须将价值建立在理性的基础之上。

当代国内教育学界对价值理性的理解主要有以下两种。第一种对"价值理性"概念的理解直接来源于马克斯·韦伯，是相对于"工具理性"而言的"价值理性"，即认为价值理性是对某种内在的固有价值、终极目标的绝对信仰和不计结果的自觉追求。基于这种对理性的"工具理性"和"价值理性"的二元理解，不少研究者在诊断当代中国的社会问题时也接受了韦伯对于资本主义社会的诊断，将中国在发展过程中出现的问题都归结为"价值理性"的缺失，这种解释模式也被运用于教育学的研究中。有研究者认为在高等教育中存在片面强调"工具理性"，因而只注重教育的短期效果和知识的教授，而忽视人格教育和人的全面发展的现象。在教育中整合工具理性和价值理性，是培养科学素质和人文素养兼备的人才的重点。[①] 有的研究者特别关注了成人教育中功利化和价值理性缺失，提出要在成人教育中注重工具理性与价值理性的整合。[②] 有的研究者用工具理性和价值理性的概念来分析当前中国的教学评价，认为教学评价是对教学活动进行的价值判断，但当前我国的教学评价中工具

---

① 姚海娟：《高等教育中的工具理性与价值理性》，载《广西教育》，2010(12)。
② 张晓敏：《析我国成人教育中价值理性与工具理性的分裂》，载《继续教育研究》，2010(4)。

理性膨胀，形成了效率主义、单一化、工具化、标准化的评价标准和教学目标，正确的教学评价应该确立人的发展的终极目标，回归价值理性，并依此规定教学评价的新内容和新方式。[①]
还有研究者提出农村教育的发展是中国教育现代化的重要问题，但由于整个社会的价值观和制度安排造成了农村教育的落后现状。要促进农村教育的发展就应该首先解决农村教育的价值理性问题，重新设定农村教育的地位、根本目的和任务等，从而在价值理性的引领下，从加大农村建设和农村教育投入、促进城乡一体化等方面出发，以工具理性的智慧综合解决农村教育的发展问题。[②]另外，还有不少研究者利用韦伯的这一概念，对职业教育、高校思想政治教育、中小学教师职业培养、基础教育改革中的问题进行思考。

总之，韦伯关于"工具理性"和"价值理性"的二元区分的确在诸多社会问题以及教育问题上颇具解释力，但是，不难发现，当他们认同韦伯的"价值理性"概念时，"理性"在很多情况下不仅不"理性"，甚至是"非理性"的，只要确立某种价值就不计结果地追求，无论是在价值的选择上，还是在价值实践上，的确很难说是理性的。这种情况下，人的行为的确是为某种"价值"所引导，但这个"价值"的确立和实践却是被激情所引导的，这与理性的精神是相悖的。而且，从这样一种"价值理性"

---

① 潮兴兵、黄天成、魏健宁：《工具理性与价值理性视角下的教学评价》，载《教学与管理》，2008(18)。

② 郝文武：《价值理性、工具理性视角关注下的农村教育问题》，载《陕西师范大学学报(哲学社会科学版)》，2005(4)。

出发，研究者最终走向的解决之途仍是倡导某种"确定的价值"，换言之，是给予被教育者某种已经被选择过的价值，而不是倡导个体自身选择和判断价值的能力，是授人以鱼而不是授人以渔。

"价值理性"的真正含义，可以理解为"关于价值的理性"，强调的不仅是价值对人行为的引导，其核心精神是"未经理性审查的价值是不值得追求和实践的"。不过遗憾的是，目前从这种理解出发的讨论并不多。有的学者将价值理性作为素质教育的重要内容，认为素质教育中最为重要的是品格教育，品格教育包括：一是公认的美德；二是价值伦理思辨，即如何选择、衡量不同价值的价值认知和价值思辨能力，也即价值上的理性素质。[①] 这种对"价值理性"的理解就明显不同于韦伯，这种理解也更接近本研究对"价值理性"概念的界定：将理性的反思与批判精神贯彻至价值领域。当然，目前基于这种理解的相关研究并不太多，不过，笔者认为，这种"价值理性"才是理应发扬的精神。

第四节　价值理性概念的重构

在对价值理性的内涵作重新理解之前，仍然需要基于传统的思想资源对我们所理解的理性作一个说明。

---

① 彭学明：《价值理性——现代素质教育中不可忽视的重要内容》，载《当代教育论坛（下半月刊）》，2009(10)。

  首先，在西方哲学史上，不少思想家将理性理解为绝对的、先验的、外在的普遍理性，古希腊哲学更是将先验的理性作为整个世界和宇宙的形成与秩序的来源。但是自近代以来，这样的论断随着自然科学的进展和人的主体性的确立被打破，在今天看来，无论是在哲学、人类学还是自然科学的视野下，"人是理性的动物"都并非一个不需要说明的、天然合理的观点。不过，人类认识的发展在使理性失去其先验性质后，也使它得到了真正的历史和科学的理解，人们日益认识到，理性是人类在与自然互动的过程中、在构建自己生活于其中的社会及其秩序和规范的过程中形成的，换言之，理性是在人的实践及实践所体现的人的生存发展需要的基础上形成的。

  其次，理性是以逻辑化、有序化和条理化的方式推动人们去认识和行动的能力。这种能力既可以表现为认识活动中依据逻辑进行严密的推理，也可以表现为实践活动中根据理由（具体实践的情境中）对不同的选择做出权衡、比较、判断和选择，使自己的行为合理化的能力。

  最后，理性是人的整体性能力。从古希腊开始，对理性的理解就一直基于理性与非理性的对立，从休谟以来更是加入了事实与价值的区分，其后的反思则是在认知理性（工具理性）与价值理性的二分模式下进行批判，这造成了理性内部各方面对立的假象。但在笔者看来，理性并无各个部分的区分，也并不存在各种不同的理性，理性不会因为人类生活的各个领域而不同。在这一点上，普特南的见解是深刻的，他作为一个科学实在论者，认为理性不仅追求事实的真实性，还追求价值的选择性，而且提出："'实在世界'依赖于我们的价值。"①

其实，当我们回头去看现代理性主义走过的历程，理性之所以走向了工具理性，并非理性真的从价值领域完全退场了。与此相反，现代理性主义基于现代性的价值观念来对抗宗教及其他一切传统的价值观念（理性却没有对现代性的价值观念进行反思与批判）。因此，与其说是理性与价值分裂了，不如说是它与一种特定的价值观念（近代为了对抗中世纪的神学，确立人的主体性，强调科学技术在人类社会发展中的巨大作用）结合得过于紧密，因而无法将它的反思与批判贯彻到底。换言之，也就是理性自身不够"理性"，这是工具理性其实也是一种非理性的原因。

而理性主义的反思者们的失误可能在于，拒绝从经验性的现实实践中来理解价值及其来源，并且用二分法将人类生活各领域相区隔，失去了一种总体性的视野，因而只能回归诸如宗教信仰等在与工具理性的对抗中业已落败的"价值理性"（如马克斯·韦伯）。因此，要重建价值理性，非但不能走向非理性主义，而且必须在价值问题上将理性坚持到底。

在此基础上，笔者认为，价值理性是价值（观念与行为）合理化的形式与能力，是理性在价值判断、价值实践等价值领域中的运用。具体而言，价值理性包括以下几层含义。

---

① ［美］普特南：《理性·真理与历史》，168 页，沈阳，辽宁教育出版社，1988。

第一，价值理性是"反思与批判"的理性。

理性蕴含着一种精神，这种精神就是反思与批判，尤其需要强调的是理性的自反性，即能对主体自身的观念与行为的合理性和合法性进行反思与批判。价值理性要求个体或者群体反思和批判自身特定的价值标准和价值信念。对于个体或某特定的利益团体而言，对自身价值观念的反思是最为困难的部分。在对其他价值观念进行批判时最难摆脱的则是基于自身立场的"前见"甚至"偏见"。简言之，在这个意义上的价值理性在进行判断与选择时的"合法性"似乎存在问题。但是以下的思路可能为价值理性的反思与批判带来基础：一是以人类基本价值作为基本标准，当人们在具体的情境下面临由于不同价值观念而带来的方向冲突时，首先看其是否符合基本价值；二是引入公共性概念，由于每个人都只能囿于自身的价值观念去看、去听、去做，当遭遇同一对象的不同看法时，人们往往在不同主体间的理性批判中更有可能接近事实的真相，做出更合理的选择。事实上，这一点在价值多元的现代社会越来越必要了。

第二，价值理性是实践的理性。

价值理性作为实践的理性意味着价值理性在不同的社会历史情境下，在具体的实践行为之中、在多元价值原则间作出合乎基本价值原则的正确选择。为了区别于康德的"实践理性"，我们将价值理性定义为一种"实践的理性"，正如我们前面所分析的，康德的实践理性在实践中难以实现，因而它并非"实践的"。相对于康德的实践理性概念，我们理解的价值理性倒更接近于亚里士多德的实践理性，它不是逻辑上预设的"绝对命令"，而是理性作为人的一种能力在具体的情境下做出明智的判断与选择，从而使自己的行为合理化。如果说我们的价值理性与亚里士多德的实践理性有什么区别的话，就在于价值理性不是一种目的论的理性，目的论的特点是设置一个先在的预定目的，人的活动、历史的发展不过是"理性的诡计"。价值理性不是朝向一个先在并必然会实现"善"，而是一种通过谋划目标走向个体的好生活和类的发展的能力。随着价值理性在人类实践中的运用，对什么是"善"、如何实现"善"进行了历史性的解答。简言之，价值理性是具体的、历史的，因而是实践的。具体而言，价值理性作为实践的理性体现在以下几个维度上。

（1）价值理性的实践性首先体现在对价值实践复杂性的观照之上。价值实践的复杂性是不言而喻的，价值冲突就是价值实践复杂性的集中体现。不同的价值原则在实践中并不是无条件地和谐相处的。如何面对这些在实践中有时候会互相冲突的价值原则？设定怎么样的价值秩序来应对这些价值冲突？价值理性必须要回答这些问题。

（2）价值理性的实践性还体现在对价值实践预期结果的反思之上。实践的逻辑永远要比逻辑的实践复杂。由于这种实践的复杂性，导致的结果很可能就是一个出发点良好的价值原则在实践中被异化，根本无法实现实践预定的目标。

（3）和韦伯的价值理性概念比较而言，本研究界定的价值理性概念在内涵上要更加丰富。韦伯的价值理性概念只强调理性地找到某个价值作为个体的价值追求，不在乎这个作为目标的价值到底以什么样的方式被实践和被追求。所以，在韦伯看来，宗教极端主义者也是具有价值理性的，因为他们追求的纯粹精神领域的价值。韦伯理解的价值理性并不包括价值实践的理性和价值判断的理性。正如韦伯自己所言："价值理性始终是——而且当它愈将所指向的价值提高为绝对价值，则愈益表现为——非理性的。"①

和康德的实践理性概念比较而言，本研究界定的价值理性在"理性"的内涵上有所区别。康德的理性是一种"先验的理性"，是一种抽象的、逻辑上预设的"绝对命令"。而本研究的理性是一种"经验的理性"，强调个体在具体实践情境中的权衡、比较和选择，在具体的情境下做出明智的判断与选择，从而使自己的行为合理化。

① ［德］马克斯·韦伯：《韦伯作品集Ⅶ：社会学的基本概念》，32页，桂林，广西师范大学出版社，2005。

第二章
价值理性与价值教育

价值问题是一个古老而又常新的问题，中国古代的思想家很早就开始了对这个问题的关注。

孟子提出"可欲之谓善"①，就人的本性而言，应当和值得追求的就是"善"，这是从人的本性的角度来理解何为有价值；荀子提出自然界万物"有用为人"②，认为通过人的实践可以使物"尽其美，致其用"，从而获得"有用"性的价值，从物的角度来界定价值③；墨子提出"废以为刑政，观其中国家百姓人民之利"④，把是否符合国家、百姓、人民的利益作为价值判断的标准，从国家和人民需要的角度出发来界定价值。在西方哲学史上，古希腊哲学是从研究自然开始的，最初主要为了解决客观世界"是什么"的问题。到了苏格拉底，哲学研究的重点开始从天上转向人间，从客观世界"是什么"转向探讨人的行为规范

① 《孟子·尽心下》。
② 《荀子·富国》。
③ 袁贵仁：《价值概念的认识论意义初探》，载《国内哲学动态》，1985(6)。
④ 《墨子·非命上》。

"应如何"的价值问题。

虽然价值问题很早就受到古代中西方哲学家的关注和思考，但是，价值的内涵在不同哲学家那里并不一致，这种价值内涵的多元直接导致价值难以定义。有人说"价值"难以定义，正如"善"难以定义一样。苏格拉底曾问："'善'是什么?"有人回答："善就是乐善好施，无私帮助别人。"苏格拉底说："这只是善的行为，而不是'善'本身。"元伦理学的代表人物乔治·爱德华摩尔认为，"善"是不可定义的，即作为绝对价值的"善"无法被纳入对象性的指称关系中加以定位，而只能诉诸象征、隐喻等直觉方式才能被体验和感悟。① 尽管价值很难定义，但我们也不是只能通过隐喻和直觉的方式来体验和感悟价值，通过辩证的分析，我们还是可以对价值的存在做出若干符合我们研究需要的一般性规定。

第一节　价值概念的界定

一、价值概念的词源分析

从词源上看，"价值"在英文中是 value，value 起源于拉丁文的 valere，在拉丁文中含义丰富，主要含义可以划分为三个层次：第一层含义，也是最基本的含义，是"强壮、有力、健康"，指的是人的身体状况良好，生命力蓬勃。在现代，不论

---

① 鲁鹏、何中华、汪建、刘森林:《历史之谜求解——人类生存的十对矛盾》，143页，南宁，广西人民出版社，1996。

是英语还是汉语，基本已经不在"健康"的意义上使用"价值"。第二层含义是"有能力、强大；有效、有用；促进、助长；扩大、展开"，这是效用层面的，也是从人自身扩展到外部世界的，指称的不再是身体的健康强壮而是行为的效果和影响，也就是通常所说的"有用性"的价值。第三层含义是"有意义、值得"①，这个含义与今天教育学、伦理学领域的价值概念比较接近。

在中国古代，"价"与"值"是两个独立的词，"价"的本义是"善"②，"值"的本义是"相遇、相当"③。"价"与"值"合在一起就可以理解为"与善相遇""与善相当"，或者理解为"对善的追求"。需要注意的是，我国古代也有将"价"与"值"直接连用的情形，即"价值"——"犹言物价"④，《北齐书·高澂传》云："食鸡羹，何不还价直（'值'古籍多作'直'——笔者注）也?"表达的即是"价格值几何"的意思。

从对"价值"的中外词源分析来看，我国古代的"价""值"与西方的 value 一词在词源意义上表达的意思基本一致，即"好""善"。在古典思想家那里，价值概念基本上是在伦理学的范围内加以运用的，其基本含义没有超出"善、好、正当"等范围。⑤

---

① 娄雨：《价值秩序与价值教育》，硕士学位论文，北京师范大学，2011。
② 广东、广西、湖南、河南辞源修订组，商务印书馆编辑部编：《辞源》修订本（1—4 合订本），183 页，北京，商务印书馆，1988。
③ 广东、广西、湖南、河南辞源修订组，商务印书馆编辑部编：《辞源》修订本（1—4 合订本），228 页，北京，商务印书馆，1988。
④ 广东、广西、湖南、河南辞源修订组，商务印书馆编辑部编：《辞源》修订本（1—4 合订本），261 页，北京，商务印书馆，1988。
⑤ 竹立家：《道德价值论》，绪论，北京，中国人民大学出版社，1998。

二、价值概念的语用分析

在日常生活中，作为日常用语的价值意味着能够满足主体某种欲望的客体或客体的某种属性。衣服、房屋、食物、金钱、图书、交通工具、绘画等都具有价值，因为这些东西或者这些东西具有的属性满足了人类在社会生活中的欲望。除了这种价值以外，日常生活中还存在着另外一种价值的概念，指不容易制造、不容易得到的东西，不容易产生的行为或者不容易达到的目标。比如，人们会认为一般的图书和绘画没有价值，只有那些一般人无法创造的杰作和艺术大师的作品才被认为是有价值的。同样，"人们每天都从事的日常行为没有价值，只有那些产生于强烈的正义感或深厚信仰的禁欲行为才有价值"[①]。很明显，上述两种价值概念是对立的。一种认为能够满足欲望的东西就有价值，另一种则认为通过抑制平时的欲望所获得的东西才有价值。日常生活中第一种价值的内涵和经济学领域中的价值比较接近，即客体具有的满足主体特定需求的价值，笔者称之为物的价值。日常生活中第二种价值的内涵与伦理学[②]和教育学中的价值内涵比较接近，即主体通过抑制自己的欲望而产生的高尚行为，笔者称之为主体的价值。

三、价值概念的定义分析

改革开放以来，以袁贵仁、李德顺、张岱年、李连科等为

---

① ［日］作田启一：《价值社会学》，14 页，北京，商务印书馆，2004。
② 亚里士多德就认为道德即是对人本能欲望的节制。

代表的我国哲学界学者对价值哲学开展了一系列开创性的研究，各自对价值的内涵做出不同的界定。袁贵仁教授和李德顺教授从马克思主义人学角度出发，将价值界定为客体对主体需要的满足、适合、接近或一致。价值的本质是主体本质力量对象化或主体性对象化，或者说价值是一种主体性。[①] 李连科教授从马克思主义实践角度出发，认为价值是客体与主体需要之间的一种特定的（肯定与否定）关系。价值来源于客体，决定于主体，产生于实践。[②] 王玉樑教授认为价值是客体对主体生存、发展、完善的效应。价值的本质是客体主体化，是主客体相互作用中客体对主体本质力量的效应。价值之所以是价值，就在于使主体更美好，使人类社会发展完善，更加美好。[③] 张岱年先生与何祚榕教授持二元价值论的观点，认为价值有外在价值与内在价值之分。外在价值是功用价值，内在价值是事物内在的优异特性。[④]

　　我们发现，以上几种具有代表性的关于价值内涵的观点虽然各自有不同的侧重点，但都有一个共同点，就是同意将"客体对主体需要的满足"作为价值的内涵的一部分。这一观点的主要依据是马克思的《评阿·瓦格纳的"政治经济学教科书"》。

[①]　汝信、陈筠泉：《20世纪中国学术大典·哲学》，45～50页，福州，福建教育出版社，2002。

[②]　汝信、陈筠泉：《20世纪中国学术大典·哲学》，45～50页，福州，福建教育出版社，2002。

[③]　汝信、陈筠泉：《20世纪中国学术大典·哲学》，45～50页，福州，福建教育出版社，2002。

[④]　汝信、陈筠泉：《20世纪中国学术大典·哲学》，45～50页，福州，福建教育出版社，2002。

马克思在这篇文章中提出："人们实际上首先是占有外界物作为满足自己本身需要的资料，……如果说，'按照德语的用法'，这就是指物被'赋予价值'，那就证明：'价值'这个普遍的概念是从人们对待满足他们需要的外界物的关系中产生的。"①价值的概念起源于人的需要与满足需要的外物之间的关系，凡能满足人们的需要之物即是有价值之物，价值表示人们的需要与外物的属性之间的一种关系。

四、价值概念的初步界定

"客体对主体需要的满足"可以说是价值的一项最基本的含义。进一步分析的话，"客体对主体需要的满足"这个命题其实包含了四个关键词：客体、主体、需要、满足。

客体的价值是客体所具有的客观属性符合主体的目的或需要从而成为价值，我们把客体具有的满足主体需要的属性称为客体的价值或者物的价值。对客体的价值的研究主要集中在经济学领域和自然科学与工程技术领域。自然科学和工程技术把本来对人没有用处的物质经过科学的加工与转化变成了对人类有用乃至必需的物质，如石油的开采和利用，太阳能的开发等都说明了自然科学可以使无用之物变成有用之物甚至是必需之物。

客体的价值不能说明有关价值的一切问题。尤其是不能说明哲学意义上的价值的一般性②。从哲学的角度看，"价值是客

① 《马克思恩格斯全集》第19卷，406页，北京，人民出版社，1963。
② 张岱年：《论价值的层次》，载《中国社会科学》，1990(3)。

体对主体需要的满足"这个命题可以从主体的角度进一步做以下几点思考。

（一）目标价值——主体需要的正当性

价值是客体满足主体的需要，但是并不是所有主体的需要都是合理的、正当的，客体对于主体不合理、不正当需要的满足，恐怕不能称之为价值。正如国内价值哲学研究先驱袁贵仁教授所言："人的需要并非都是天然合理的，都是必须满足的。有些属于正当需要也就是有利于人和人类的生存、享受和发展的需要，这应当予以满足。能够满足主体的正当需要的客体就是对主体有价值的，不能满足或者有碍于正当需要满足的客体就是没有价值的。但是人还有不正当的需要，这种不正当的需要，不仅不应当满足而且要加以限制，满足不正当需要的是没有价值的，相反，不能满足这种需要或限制这种需要得到满足的则是有价值的。"[1]因此，客体只有满足主体的那些正当的合理的需要或者阻碍主体不正当、不合理的需要才能被认为是有价值的。客体对主体不正当需要的满足以及对主体正当需要的阻碍都是没有价值或者说是有负价值的。主体的正当性需要在实践中必然以主体行动的目的或者目标的形式出现，因此我们称这种主体的正当性需要为"目标价值"。这里需要补充说明的是，并不是所有的目标都是有价值的，只有那些基于主体正当性需要提出来的目标才是有价值的，并且在实践中，主体的需

---

① 袁贵仁：《关于价值与需要关系的再思考》，载《人文杂志》，1991(2)。

要和目标有时候并不是完全重合，但是大部分时候主体的需要是内在的内容和原因，目标是外在的表现形式，二者在大体上还是重合的。也不是所有的价值都是以目标形式呈现的，目标价值只是笔者在这里界定的价值的三种形式中的一种。

（二）方法价值——主体需要满足方式的正当性

在功能意义上，价值意味着客体能够满足主体的需要，对于主体的生存、享受和发展具有积极的意义。在发生意义上，价值表示主体对客体的改造，是主体本质力量的对象化。概言之，"价值即主体客体化和客体主体化，主体的外化和客体的内化的动态统一"[①]。价值是主体本质力量的对象化，也就是主体与客体辩证统一的实践过程，作为一种实践，也就必然存在着实践行为方式的问题。

为了满足特定的需要，人类有许多种不同的行为方式可以采取。比如，食物能够满足人消除饥饿感的生理需要，因而具有价值。但是人们为了得到食物有很多途径，可以通过偷盗和抢劫的途径获得食物，可以通过欺骗与恐吓的方式获得食物，也可以通过自己辛勤的劳动付出获得回报的途径购买食物。前两种方式中，虽然主体在实践中满足了自己的需要，但是恐怕没有人会认为主体通过不道德途径满足自己需要的行为是有价值的。

因此，人类满足自己需要的行为的正当性也是价值的另一

---

① 袁贵仁：《如何认识人的价值》，载《北京大学学报(哲学社会科学版)》，1990(1)。

个重要内涵。价值的这个层面的内涵与伦理学上关于善的内涵比较接近。"从最一般的意义上，可以把价值与善视为两个大体一致的概念。"[①]我们将这种主体通过正当途径和方式满足需要的价值称为"方法价值"。方法价值表示主体通过正当的途径满足自己正当性的需要。可以说，方法价值是基于目标价值提出的，没有目标价值，便没有方法价值。方法总是为了完成一定的目标，所以才能称之为方法。方法价值是价值的一个重要维度，在伦理学和道德哲学中出现的价值大部分是这种方法价值。

（三）本体价值——主体自身的优越性质和能力

在现实生活中，X 对 Y 而言是有用的，Y 对 Z 而言是有用的，但是当最终退到一个不能再退的地方的时候，那个东西一定不能说是有用的。比如：工作有什么用？回答是工作可以挣钱。挣钱有什么用？回答是挣钱可以消费和购物。消费和购物有什么用？回答是消费和购物可以给人带来快乐和享受。但当问快乐和享受有什么用时，可能就不太好回答了。因为快乐和享受并不是因为"有用"才去追求的。这些东西是作为目的来追求的，而不是因为它们有外在的用处我们才去追求，其本身对人类的幸福而言就是"有用"的。就此而言，可以说存在着一种"无用"的价值，这种"无用"的价值与前面提到的"有用"的价值是不同的，这种无用的价值就是内在价值或曰自为价值，是超

---

① 强昌文：《契约伦理与权利——一种理想性的诠释》，98 页，济南，山东人民出版社，2007。

越"有没有用"问题的终极价值。① 对于人类而言，幸福是最大的本体价值，真、善、美、自由、尊严等等都是本体价值的代表。

荀子提出："水火有气而无生，草木有生而无知，禽兽有知而无义；人有气、有生、有知亦且有义，故最为天下贵也。"②所谓"贵"，不是说人类能满足什么需要，而是说人类具有其他物类所未有的优越性质与能力③。衡量人与人之间内在价值优劣的标准在于其素质，在于其德、智、体、才诸方面的品质和能力。④

值得主体无条件追求的价值以及主体自身具有的优越性质和能力，何祚榕教授称之为"内在价值"⑤，翟振明教授称之为"终极价值"。无论是内在价值还是终极价值，都是与"功利价值""外在价值"或者说"工具价值"相对应的。我们称这种主体自身具有的优越性质和能力以及值得主体无条件追求的价值为"本体价值"。

根据以上的分析，价值除了客体的价值以外，还包括主体的价值。主体的价值包含三个维度的内涵：目标价值、方法价值与本体价值。需要补充说明的是，这里的目标价值、方法价值与"目标的价值"和"方法的价值"颇为不同。"目标的价值"和

---

① 翟振明：《论艺术的价值结构》，载《哲学研究》，2006(1)。
② 《荀子·王制》。
③ 张岱年：《论价值的层次》，载《中国社会科学》，1990(3)。
④ 何祚榕：《关于"价值一般"双重含义的几点辩护》，载《哲学动态》，1995(7)。
⑤ 何祚榕：《关于"价值一般"双重含义的几点辩护》，载《哲学动态》，1995(7)。

"方法的价值"主要强调目标和方法对主体满足自己需要所具有的积极意义。

目标价值指主体正当、合理的需要。目标价值与袁贵仁教授的理解①比较接近。这是价值的一个非常重要的内涵，我们通常使用的"价值目标""价值诉求""价值取向""价值与工具"等用法都是在目标价值的意义上使用价值这个概念。在日常生活中，价值的使用主要集中在目标价值这个维度上。目标价值主要是私人领域的一个概念，指的是在私人领域中对主体的幸福生活而言有着重要的意义的正当目标，如果没有目标价值，那么主体私人领域的幸福便无从谈起。

方法价值指主体通过正当的途径满足自己的正当需要。石中英教授认为，"'价值'即指人们——个体或群体——在行动时所应该坚持和体现的正确的原则"②。这也与我们前面词源分析中价值的内涵比较接近。在伦理学和道德哲学中，价值的内涵主要侧重于方法价值。方法价值主要是集中在公共领域的一个概念，强调的是主体在追求自己的目标价值时不对他者的自由和行动产生不利的影响。

本体价值指值得主体无条件追求的或者本体自身所具有的优越品质。在此意义上，笔者与张岱年教授和翟振明教授的理

---

① 袁贵仁：《关于价值与需要关系的再思考》，载《人文杂志》，1991(2)。
② 石中英：《关于当前我国中小学价值教育几个问题的思考》，载《人民教育》，2010(8)。

解比较接近①。我们通常所谓的真、善、美的价值和人的价值②就是本体意义上的价值概念。本体价值可以理解为对人类社会的持续发展和整体福祉而言具有重要意义的目标或者行为方式。本体价值可以作为目标价值，也可以作为方法价值。

哲学史上不同学者在使用价值这一概念的时候往往是侧重于其中的某一个维度。如马克斯·韦伯所提出的"价值理性"概念中的"价值"所侧重的是本体价值和目标价值，因此价值理性是与工具理性相对应的一个概念。法兰克福学派批判的现代社会工具理性与科技理性的膨胀其实是批判技术成为现代社会的意识形态，理性过分强调与客体价值的结合而忽略了对主体价值的观照。伦理学和道德哲学所使用的价值一般侧重于方法价值，即行为方式的正当性。

第二节　传统价值教育的反思

没有不包含价值的教育，对于个体的完满生活而言，知识的学习和价值的习得是同样重要的。所以，价值教育的提法似乎有同义反复之嫌。事实上，从教育诞生之日起，就担负了两

---

① 参见张岱年：《论价值的层次》，载《中国社会科学》，1990(3)；翟振明：《论艺术的价值结构》，载《哲学研究》，2006(1)。

② 人的价值问题比较复杂，袁贵仁教授认为人的价值可以分为人作为价值客体的价值和人作为价值主体的价值。人作为价值客体，就是指作为客体的人能够满足作为主体的人的需要，对他人或社会具有一定的作用和意义。人作为价值主体的价值强调人应当尊重人们自由自觉的劳动的族类本质，也就是尊重人的做人的资格和起码应具有的权利。参见袁贵仁：《如何认识人的价值》，载《北京大学学报(哲学社会科学版)》，1990(1)。

个维度的功能——知识的学习与价值的传递。但是在实践中，由于社会历史背景的变化，教育的这两个功能并非是并驾齐驱、受到同样重视的。在不同的社会历史背景下，教育的侧重点是有所不同的。原始社会的教育更多地侧重于生活、劳动技能的传授，当然，也会有一些部落和社群生活所必需的价值规范和道德理念出现在原始形态的教育之中。进入阶级社会以后，教育开始侧重培养统治阶级所需要的人才，开始强调道德、价值规范的传授，虽然知识也会出现在课程当中，但是相对而言已经处在一个次要的位置上。进入现代社会以后，在知识大爆炸和信息社会的背景之下，科学成为现代社会的意识形态，教育又开始将科学知识的传授放在首要位置，道德、价值被放在次要的位置上。虽然不同时代的教育有不同的侧重点，但是价值的传递却一直内在于教育活动中，即便在教育侧重知识习得和技能训练的"科学时代"，教师也在无意地传递着价值，价值也以一种隐蔽的形式在传递。比如，自然科学实验的学习让学生体会到认真、严谨等价值品格在科学中的重要性；理论发展史的学习让学生懂得创新的价值；教师负责、严谨的教学让学生慢慢地也学会负责和严谨。价值总是以一种或明或隐的方式在教育中传递着。

随着科技的迅猛发展和人类社会不同文明之间的接触日趋频繁，价值多元和价值冲突开始出现并不断加剧。在这样的背景下，教育的价值传递功能被越来越多的有识之士重视，价值教育也因此被提出和重视。价值教育发展到今天，已经拥有一批相对成熟的方法模式。品格教育模式、价值澄清模式及"认知—发展"模式可以算得上影响力最大的三种价值教育传统模式，在实践中得到广泛运用，在理论上也得到比较好的研究和辩护。下面将对传统价值教育的三种主流模式进行简要介绍与反思，为价值理性视野下价值教育的重构奠定理论基础。

一、品格教育模式及其反思

品格教育模式强调教育者将一些特定的美德和价值直接传授给个体，并指出在多元价值面前，人不会自动地变得高尚，他们之所以能成为对社会有贡献的人，完全是而且只能是其自身与社会共同努力的结果。因此，"当前学校和社会面临的最大挑战就是让学生了解做人的基本品质和这个社会所必需的价值观念"①，而不是像价值澄清理论所认为的那样尊重个体的自由的价值选择，而忽略了共同价值的存在。

品格教育理论的倡导者里克纳明确指出，"即使在价值多元的今天，仍然存在被普遍认同的价值。当前存在的问题不应当是'要不要教价值'，而应当是'教哪些价值'和'怎么样教这些价值'"②。为此，学校价值教育必须对学生进行直接和正面的价值影响，而不是仅仅澄清学生已经拥有的价值；学校价值教育必须关注学生的价值与其行为之间的密切联系，通过对学生价值问题的关注和支持，帮助学生形成对好和坏的一致看

① ［美］托马斯·里克纳：《美式课堂：品质教育学校方略》，85 页，海口，海南出版社，2001。

② Thomas Lickona, *Education for Character*: *How Our School Can Teach Respect and Responsibility*，New York，Bantam Books，1991，pp. 20-22.

法，帮助学生形成良好的品格并表现出良好的行为。

（一）品格教育的基本主张

在价值教育的目的上，品格教育理论认为价值教育的目的应该是向学生传授人类所公认的美德，并提供创造、实践这些美德的机会，最终帮助学生形成良好的品格。因为良好的品格不仅对于个人的幸福生活具有决定性的影响，而且也在很大程度上决定了一个社会的发展前途和命运。

在价值教育的内容上，品格教育是以确信存在人类普遍共享的价值为前提的，因此，学校价值教育的内容就应该围绕这些价值来组织。学校的课程设置和活动安排都应该将这些价值包含在内。具体而言，在课程设置上，品格教育理论主张设置专门的价值教育课程，对学生直接传授具体的价值。

在价值教育的方法上，品格教育认为学校首先应该采用直接的教育方式帮助学生培养良好的行为习惯。直接教育包括解释为什么有些事情是对的而另外一些事情则是错的，也包括直接告诉学生应该如何去做。直接的教育既可以通过那些隐含特定美德的课程来实现，也可以利用文学、电影和其他媒介来实现；既可以通过班级活动和讨论进行，也可以通过寓言和故事讲述来传递，或者是利用某个偶然的机会来完成。

在教师角色上，品格教育理论认为教师应该扮演美德代言人和教育者的重要角色，是学生品格学习的典范。这主要表现在教师可以直接对学生进行美德教育，教师可以通过讲解、讲故事、鼓励等方式向学生直接传授与美德有关的内容，给学生提供指导；教师以身作则，以自己的行为感染学生，让学生从教师身上看到他们将要学习和实践的美德。有研究表明，对学生品格形成产生最突出影响的不是活动和课程，而是各个教师在孩子们面前所体现的品质以及所起的模范作用。①

(二)品格教育的几点反思

可以说，品格教育理论在价值多元的今天受到越来越多教育实践者和政策制定者的重视。美国政府更是放弃了之前的价值澄清理论转而投向品格教育的怀抱。品格教育试图将具有普遍性的价值传授给学生，帮助学生树立良好的价值品格，从而实现个体生活的幸福以及群体和社会的稳定、和谐。可以说，品格教育在价值教育实践中有着较为积极的意义。但是，品格教育理论也存在着一些比较严重的理论缺陷。

第一，品格教育理论的前提预设是，价值是确定无疑、绝对不变的，学校价值教育的任务就是将这些确定无疑的价值品格传递给学生。但是，并不是所有的价值都是确定无疑、不会改变的，价值很大程度上具有社会历史性。源自社会的价值很明显会随着社会的发展、历史文化的变迁而改变：一个时代的价值到了另一个时代可能会被认为完全没有价值甚至是有负价值的；一个文化环境中被认为道德的行为在另一种文化中可能被认为是道德中性或者说与道德无关的行为；一种文化中的不

---

① ［美］托马斯·利科纳：《培养品格——让孩子呈现最好的一面》，89页，北京，中国社会科学出版社，线装书局，2005。

道德行为在另一种文化中可能被认为是道德的行为。源自主体的价值和源自超越的价值从严格意义上来讲也是会变化的。历史地来看，人类在漫长的进化史中形成的一些习得性并且可以遗传的本能是在缓慢变化的。并且这些源自主体的本能价值大部分时候只是提供了先天的形式，具体因为什么内容而羞耻其实会因为文化背景的差别而有很大的变化。

第二，品格教育忽视了价值实践的复杂性。一方面，现实社会的价值实践中，不同的价值之间充满了各种各样的冲突和矛盾，如何解决这些冲突和矛盾，品格教育并未对此做出理论上的解答。这一点我们将在第五章做较为详尽的分析和探讨。另一方面，同一价值实践的表象下其实可能有着十分不同的内在认知。比如，一个人的秉公无私的"正直"在另外一个人看来是"顽固""迂腐"和"不近人情"；一个人诚实地表达自己的情感和思想，另一个人却认为这样做是不顾他人感受的"自私"。正如亚里士多德所言："要对适当的人、以适当的程度、在适当的时间、出于适当的理由、以适当的方式做这些事，就不是每个人都做得到或容易做得到的。"①

第三，品格教育理论试图将特定的价值直接传递给学生，以使学生形成相应的品格。如何才能培养学生的特定品格呢？通常的做法是通过故事、典礼、讲解等方式进行，并以此让学生明辨是非、理解并实践这些价值。"自以为掌握着道德真理

---

① ［古希腊］亚里士多德：《尼各马可伦理学》，55页，北京，商务印书馆，2003。

而又致力于让人们按照自己所确立的道德真理行事就很危险。而事实上，真正有教益的教育实践都不是道德规范的自我实践，而是真正的人的教育；不是从规范出发按图索骥，而是从人出发生动活泼、积极主动地展开。"①

总之，在现代社会，如何用一种"有价值"的方式将价值传递给学生，是品格教育亟待解决的一个问题。

二、价值澄清模式及其反思

价值澄清理论认为，价值是个体经验的产物，经验是个人价值的来源。"不同的经验会导致不同的价值观，而任何个人的价值观将随其经验的积累和改变而更改。"②因此，价值是个人的、相对的，是个人自由选择的。价值澄清理论的代表人物拉思斯直言不讳地提到，不同团体的人们或许拥有不同的价值观，只要不超过国家法律，一切观点应可以讨论、检查以及被确认、拒绝或怀疑。

因为认为价值是个体经验的产物，并不存在绝对的、普遍的价值，所以价值澄清理论主张价值教育应该在不同的价值之间保持价值中立的立场，不应该对个体所持的具体价值进行"价值判断"，而应该尊重个体的自由的价值选择。"当我们的意图是澄清价值时，我们必须不偏不倚地接受他人的立场。不管别人的言行如何，我们不必表示赞成。"③

---

① 康永久：《道德教育与道德规范——对康德与涂尔干道德理论的反思》，载《教育学报》，2009(6)。

② ［美］路易斯·拉思斯：《价值与教学》，24页，杭州，浙江教育出版社，2003。

③ ［美］路易斯·拉思斯：《价值与教学》，2页，杭州，浙江教育出版社，2003。

（一）价值澄清理论的主张

在价值教育目的上，价值澄清理论认为，在价值多元的现代社会，任何一种价值都不具有绝对性和普遍性，所以采取向学生灌输和传授特定价值的做法是不可接受的。这种采取命令式，强制性地告诉学生应该做什么、如何去做的办法，不仅不能使学生在价值问题上获得实质性的帮助，反而只会使学生反感和迷惑不解，甚至造成学生对教育的逆反情绪，最终在很大程度上削弱或抵消价值教育的效果。因为虽然教师告诉学生应该怎么做，但与此同时学生却看到社会上和自己身边有人不那么做，这会使学生感到无所适从。"我们不该给年轻人留下这样的印象：他们的任务是枯燥乏味地守候那些年代久远的价值。相反，我们应该使他们认识到这一无情而令人振奋的事实：他们的任务是在自己的生活中从不间断地重新创造那些价值。"[①]因此，"价值澄清理论的主要任务不是认同和传授'正确的'价值观，其目的是帮助学生澄清他们的价值陈述和行为"[②]。也就是说，学校价值教育的主要任务，不是教给学生特定的价值，而是帮助学生澄清其价值，并根据自己的价值做出选择和行动。

在价值教育的内容上，价值澄清理论反对向学生传授特定的价值。他们认为，既然不存在普遍和绝对的价值，既然一切价值都来源于个人的经验，那么价值澄清的教育就不会主张在

---

① ［美］路易斯·拉思斯：《价值与教学》，7页，杭州，浙江教育出版社，2003。
② ［美］路易斯·拉思斯：《价值与教学》，63页，杭州，浙江教育出版社，2003。

特定的年龄阶段教授或传递那些特定的价值，也不试图去发展一种正式的价值教育课程。学生生活中的价值问题无处不在，应通过各种非正式的场合与各种学科课程来进行价值澄清。

在价值教育的方法上，价值澄清理论首先旗帜鲜明地反对价值灌输。"澄清反应"避免道德说教、批评、向儿童灌输价值观或进行评价。在这种反应中，成人应摒弃一切关于"好的""对的"或"可接受的"等暗示，"当教师认真地参与价值澄清时，他不进行道德说教、训诫、灌输或谆谆教诲"①。价值澄清理论反对价值灌输的理由有以下三点："第一，灌输是以一种错误的前提为基础的，这一前提认定教育者知道一系列'正确的价值'，因而有资格或能力向儿童传递价值。第二，灌输代表了一种错误的、消极的教育方法，这种教育方法的主要特征在于它以教师为中心、以'传递'、'控制'和'强迫接受'为宗旨的，这种教育方法的最终结果是学生的虚伪顺从。第三，灌输以外部力量作为影响儿童价值的合理手段，反对甚至阻止儿童的独立思考和自由选择。"②价值澄清理论主张学校价值教育应运用一系列价值澄清策略（①选择：从各种可能选择中进行选择；对每一种可能选择的后果进行审慎思考后作出选择。②珍视：珍爱，对选择感到满意；愿意向别人确认自己的选择。③行动：根据选择行动；以某种生活方式不断重复），教给学

---

① ［美］路易斯·拉思斯：《价值与教学》，94页，杭州，浙江教育出版社，2003。
② 戚万学：《冲突与整合——20世纪西方道德教育理论》，301页，济南，山东教育出版社，1995。

生一些澄清自己价值的技巧和方法，使学生对他们自己的价值有明确和清晰的认识，从而最终形成自己的价值。

在教师角色上，价值澄清理论认为，将特定价值传递给学生的做法意味着教师是社会的代言人，教师担负着把社会公认的价值传授给学生的责任，即代表社会向学生传授既定的价值。但在多元价值并存的社会中，教师不应该再担任社会代言人的角色，而应该在不同的价值之间保持中立态度。在此基础上，面对多元价值冲突，教师应帮助学生正视冲突、思考冲突，从而使学生澄清、选择与树立起自己的价值。具体而言，在价值澄清过程中，教师的角色和责任就在于提供一种宽容、民主的环境和氛围，帮助或鼓励儿童选择和澄清自己的价值并据此行动。价值澄清理论认为，在一个多元价值并存的社会中，教师不再是一个价值真理的拥有者，而是一个帮助学生澄清他们自己的价值并帮助他们依照自己的价值行动和生活的指导者。

(二)价值澄清理论的几点反思

总体来看，价值澄清理论充分地认识到了现代社会价值多元的社会现实，强调价值与人的生活的密切关系，强调个体价值选择的重要性，强调个体价值判断和选择能力的培养，并希望使个体在价值多元的社会里始终保持一颗清醒的头脑以应对价值冲突，这些主张是富有创造性和具有积极意义的。

但是，价值澄清理论也有以下几个在理论上不得不面对的问题。

第一，价值澄清理论无视人类的一些基本价值的共通性。"柯尔伯格曾批评价值澄清学说过分注重价值的相对性和流动性，认为，虽然不同的文化奉行不同的价值标准，但也存在着更为基本的普通的人类价值。而且后者是更为根本的。"①如果我们认为每一种价值主张都同样正确，一切价值主张在当下社会生活中都具有同样重要的地位，那么，我们就不能对任何行为给予评判。因为极端的相对主义有可能将所有价值一概抹平，在相对主义的名义下，每个人都不能对任何价值做出评判，不同的价值没有高尚卑劣之分，没有是非善恶美丑之分，以至于人们就可以为所欲为了。而其所导致的一个明显后果便是社会价值评价标准的丧失，以至于社会将面临着无标准的危机。德国《时代周刊》曾指出，这个时代过分地纵容了任意的态度，以至于"一切都无所谓，一切都可以做了"，以至于所有的标准都正在危险地被消解。"最年轻的一代人必须应付一种价值取向的混乱，这种混乱的程度很难加以评估。这一代人很难确认对与错、善与恶的清楚标准。"②

第二，价值澄清理论的相对主义立场无助于解决日益严重的价值冲突。既然价值是个体的，每个人都有选择自己认可的价值的自由和权利，那么，不同人之间在社会生活中必然会出

---

① 戚万学：《冲突与整合——20世纪西方道德教育理论》，317页，济南，山东教育出版社，1995。

② 何怀宏：《伦理学是什么》，197页，北京，北京大学出版社，2002。

现价值冲突，如何解决价值冲突及其社会后果是价值澄清理论
必然会面对但很难解决的问题。

　　第三，价值澄清理论没有区分不同类型的价值。"道德价
值和非道德价值问题在价值澄清的框架中是被同等对待的，这
首先表现在，在价值澄清的各策略所涉及的澄清问题中，道德
价值和非道德价值问题是混在一起的，因而难以断定澄清策略
本身的目的。"①例如，在价值澄清实践策略中，经常会有这样
的问题："你们当中有多少人：(1)注意减肥；(2)喜欢做全日
性工作；(3)支持合法的流产。"在这样一些问题中，似乎只有
第三个问题涉及道德问题。价值澄清的倡导者把道德问题和与
道德无关的问题采取同样的方式加以澄清，他们还指出，在学
生的评价过程中，教师不需要对学生选择的价值进行评价、建
议，不要去询问这种选择的理由。对于个体私人生活领域的价
值选择不加以询问不会有什么问题，但是对于个体在公共生活
领域的道德价值选择如果也不加询问，是不妥的。对一种道德
行为或选择来说，"为什么"的问题或者说"理由"的问题是十分
重要的。不同的原因直接决定了同样的行为是否是道德行为。

　　第四，价值澄清的相对主义立场引发了学校价值教育危
机。有学者在批判价值相对主义所导致的不良后果时列举了诸
多发人深思的情形。在美国，当一位九年级教师问她的学生：
"你们中有多少人偷过东西？"几乎所有的学生都举起了手，理

---

　　①　戚万学：《冲突与整合——20世纪西方道德教育理论》，323页，济南，山东教育
出版社，1995。

由是"我们有享受物质的权利"①。在这里，我们同样可以发现德性逻辑与权利逻辑的冲突。

"过分强调个体价值的相对性则从根本上否定了个体价值等级的存在，事实上是取消了学校道德教育，奉行的是放任主义教育策略。如果学校听凭学生各自选择自己的价值，那么，任何学生都可以为自己的任何行为做出在极端相对主义者看来是合理的价值的辩解。这种教育所可能导致的结果恐怕只能是混乱和无政府状态。"②美国在 20 世纪 60 年代推行价值澄清教育后所引发的严重后果则证实了这种混乱和无政府状态的出现绝非毫无缘由，"贪婪和欺诈被大家认为是极其平常的事情"。

价值澄清虽然尊重学生主体性，培养学生的价值判断和选择能力，但其实质却是"怎么都行"的放任自流，这一点正如当代英国哲学家约翰·威尔逊(John Wilson)所言，从根本上取消或拒绝道德权威，陷入相对主义，同样偏离了教育。

三、"认知—发展"模式及其反思

在对各种价值教育理论与实践研究的吸收与批判的基础上，柯尔伯格在 20 世纪 60 年代提出了价值(道德)教育的"认知—发展"理论。与价值澄清理论颇为不同的是，"认知—发展"理论认为，存在着在文化层面具有普遍性的基本道德价值，而且这些基本的道德价值表现为一个分阶段、连续发展的过

---

① 丁锦宏：《品格教育论》，43 页，北京，人民教育出版社，2005。
② 鲁洁、王逢贤：《德育新论》，485 页，南京，江苏教育出版社，1994。

程。"认知—发展"理论认为，人类的基本道德价值不仅具有普遍性，而且在不同的文化中个体接受这些道德价值的发展阶段也是相同的，都必须经历以下 3 个水平和 6 个阶段的发展。

水平 1（前习俗）

　　第一阶段　服从与惩罚定向

　　第二阶段　利己主义定向

水平 2（习俗）

　　第三阶段　人际和谐与一致

　　第四阶段　维护权威与社会秩序定向

水平 3（后习俗）

　　第五阶段　社会契约定向

　　第六阶段　普遍伦理原则

"认知—发展"理论认为，这 6 个阶段组成了一种固定的发展顺序，既不会后退也不会跳跃。儿童道德的发展尽管可能在速度上和所处阶段上并不一致，但只要发展，就必然要经过这些阶段。

（一）"认知—发展"理论的基本主张

在教育目的上，"认知—发展"理论极力反对具体德性和价值原则的教授，主张道德价值原则的思考和推理、判断能力的学习和提高是最重要的。"儿童道德成熟的标志，是他做出道德判断和提出自己的道德原则的能力，而不是遵从他周围的成年人的道德判断的能力。"①换句话说，这种道德判断是基于儿童对社会情境中遇到的各种道德、价值问题进行审慎和理性的思考，基于对各种可能的价值选择进行比较、权衡，并根据一个一般的原则做出的，而不是基于一种固定的权威、习俗或是情感做出的。由于把道德判断的能力作为道德成熟和道德发展的重要评价标准，"认知—发展"理论把"促进儿童个人的道德判断和道德品质的发展"作为道德教育的一个最重要的目标。②

在教育方法上，"认知—发展"理论认为，因为价值教育承担了两个不同的任务——促进学生价值判断能力的提高与注重学生行为实践的培养，所以价值教育的方法也应该是多元的而不应该是单一的，其中主要的方法有"道德讨论法"（Moral Discussion Approach）和"公正团体法"（Just Community Approach）。"道德讨论法"的实质是通过引导学生就道德两难问题进行讨论，引发认知冲突，促进积极的道德思维从而促进道德判断的发展。"道德讨论法"从某种意义上讲是对苏格拉底教学法——"产婆术"的吸收、借鉴和发挥，因而又被称作"新苏格拉底法"。如果说"道德讨论法"侧重于学生价值判断能力与推理能力的提高，而对学生价值实践和价值行动关注不够的话，那么，"公正团体法"可以说是对"道德讨论法"最好的补充。在对柏拉图、杜威教育思想批判、借鉴的基础之上，在对

---

① 瞿葆奎：《教育学文集》第 2 卷，721 页，北京，人民教育出版社，1989。
② 戚万学：《冲突与整合——20 世纪西方道德教育理论》，385 页，济南，山东教育出版社，1995。

以色列集体农庄教育、教养方法的总结基础之上，在对涂尔干道德教育思想的重新认识和修正基础之上，柯尔伯格通过"监狱实验"为这一方法的实践提供了实证的检验。"公正团体法"要求教师创设一个民主的制度和气氛。它要求包括教师和学生在内的全体成员之间集体协作、共同负责，进而树立一种有益于团体发展和学生良好价值观养成的集体行为规范。[①]

在课程上，"认知—发展"理论强调课程应该包括两方面。一是学科课程，即把道德教育整合到历史、社会等课程中去。正如"认知—发展"理论的创建者柯尔伯格所言，"道德教育不应以'学科'的形式出现，而应融合到整个课程中去，因为任何学科除了能够提供'事实'外，也能提供'价值'的论题"[②]。为达成实用的目的，该方案将道德两难困境的讨论，统整于历史、社会等正课中。二是隐性课程，包括学校环境、制度、师生之间的互动等。在"认知—发展"理论看来，学生的大量价值观念的获得通常并不是来自学校的正规课程，而是来自"隐性课程"。

在教师的角色方面，"认知—发展"理论认为，在儿童的道德（价值）发展中，教师并非是可有可无、无足轻重的，而是扮演着重要的角色，有着重要的指导和促进作用。学校价值教育能否成功，除教育方法外，教师就是最重要的因素。柯尔伯格向教师提出了10点建议：①教师自身必须具备较高的道德（价

---

① 戚万学：《冲突与整合——20世纪西方道德教育理论》，399页，济南，山东教育出版社，1995。

② ［美］柯尔伯格：《道德教育的哲学》，魏贤超、柯森等译，178页，杭州，浙江教育出版社，2000。

值)判断水平，具有学生向往、羡慕的公正意识和德性；②教师应具有尊重儿童发展要求，对学生一视同仁、友好引导等正确的儿童观；③不能直接教给儿童道德判断；④不能用权威的方法进行价值教育；⑤要根据学生现有水平进行教学；⑥注重儿童的道德认知力的发展；⑦应倾听和尊重学生的道德决定；⑧掌握激发学生道德冲突的方法；⑨注重德育氛围、团体作用和隐性课程的影响；⑩要注意把将继起的道德阶段作为德育的新目标。①

(二)"认知—发展"理论的几点反思

"认知—发展"理论是迄今为止最为复杂、最为完整的价值(道德)教育理论和实践体系，与价值澄清理论并称当代美国价值教育领域两个最有影响力的理论流派，对美国以及其他的国家和地区价值教育理论的发展和价值教育实践的开展产生了较为深刻和广泛的影响，在世界范围内都有着较大的影响力。与此同时，"认知—发展"理论也存在着一些广受诟病的理论问题。

第一，"认知—发展"理论过分强调理性、推理、认知水平对道德发展的影响，没有给情感、习惯、风俗等因素和理性一样的重要地位。事实上，对于个体的实践和行为而言，理性在很多时候未必就是决定性的因素，风俗习惯、个体的情感和信仰等因素对于实践行为的影响也是巨大的。"认知—发展"理论显然对此关注不足。正如伦敦大学教育学院教育哲学教授彼特

---

① 威万学：《冲突与整合——20世纪西方道德教育理论》，402页，济南，山东教育出版社，1995。

斯(R. S. Peters)所指出的那样："同皮亚杰一样，柯尔伯格对道德的情感方面发展的论述是特别薄弱的。"①另外也有学者认为，"'认知—发展'理论对道德判断的解释太'无情'了(bloodless)，只系于'冰冷'的理性而没有对诸如同情、怜悯、义愤等情感在道德判断中的作用予以充分的说明"②。并且，在实践中经常出现的情况是，良好的反省思维和成熟的道德推理并没有导致更好的行为，具有更高认知发展水平的个人和团体并不必然拥有更好的道德。

第二，"认知—发展"理论旗帜鲜明地反对"灌输"，反对具体美德和价值原则的教授转而支持"公正"原则和道德价值推理判断能力的教授，事实上，这是避免了一种形式的灌输(具体美德和价值原则)，而又陷入了另一种形式的灌输(道德判断能力和形式)。

通过上面的简要分析我们可以发现，在价值教育的理论研究与实践中，每一种模式都有自己固有的优点和难以克服的缺陷，品格教育理论在培养学生良好品格方面表现优异，却没有意识到并非所有的价值都是固定不变的，也不够尊重学生的主体性；价值澄清理论在尊重学生主体性方面做得很好，但是在教育学生如何在价值多元的现代社会面对日益严重的价值冲突时，却显得有些无能为力；"认知—发展"理论在帮助学生应对

---

① R. S. Peters, "Why doesn't Lawrence Kohlberg do his homework?" In Purple, D. and Ryan, K. (Eds), *Moral Education*, London, Routledge , 1979, p. 289.

② L. Kohlberg, *The Psychology of Moral Development*: *The Nature and Validity of Moral Stages*, New York, Harpercollins , 1984, p. 290.

价值冲突方面表现突出，但是却在一定程度上忽视了学生的主体性和差异性。事实上，由于价值问题的复杂性，没有一种价值教育的模式能一劳永逸地解决价值教育中所有的问题，将所有的价值都很好地传递给学生。

笔者认为，在肯定这三种价值教育模式的理论贡献和实践指导意义的同时，也必须承认，这三种模式在何为"教育"方面都有所建树，但是却都忽略了何为"价值"这样一个非常基础的本体论问题。有关价值的本体论研究，对价值概念的内涵和外延的研究在这几种主流的模式当中都显得比较缺乏。在日常生活的语用中，在哲学社会科学的学术语境中，在教育学的学术话语中，甚至在不同的学者那里，价值的内涵是差别较大的，不同语境下使用的价值的内涵和外延其实是非常不一样的。在缺乏对价值概念的充分研究的情况下，无论教育的方法多么精巧，模式多么精致，可能都很难将这些内涵和外延很不一致的价值很好地教给学生。

第三节　不同类型价值的教育

一、本体价值与品格教育模式

很多本体价值在实践中都一定程度上被抛弃，今天社会中的恶搞、解构和犬儒就把真、善、美等本体价值抛弃了。在一个价值多元的社会中，如果学校教育不采取必要措施将人类社会的美好的基本价值(本体价值)教授给学生的话，学生就会受到社会上形形色色思想的影响。事实上，在人类几千年的文明史中，灌输教育的方法一直都是作为儿童早期价值观教育的主要方法，儒家文明中的礼、乐和典籍知识的学习，就是通过背诵等今天看来"不民主"的方式进行的。

当然，几乎所有充满人文关怀的学者都会有这样的一个理想："我祝愿美好的艺术是在美好的教育体制之下培养出来的，更进一步，我希望一切美好的思想都是从循循善诱……中培养出来的。"[1]然而，对于一个懵懵懂懂的孩童而言，对于一个没有太多知识和信息的少年而言，对于人类而言至关重要的本体价值可能就需要通过灌输的途径传递给他们。在笔者看来，价值教育中充满了价值两难，想把最好的价值教给学生，就必须要采用"不那么符合价值原则"的方式来进行。采取符合价值原则的方式来教育，教给学生的未必是真正的价值(如价值澄清模式导致价值相对主义；"认知—发展"模式避免了内容的灌输却陷入了形式的灌输，并且这种侧重形式灌输的模式无法让大部分学生达到阶段五和阶段六的较高道德水平)。在人类几千年的教育史上，如果有一种两全其美的方式来把美好的价值传递给下一代的话，我想历史上无数的大贤和智者一定会发现它，但事实上这样的方式并不存在。

正如《中共中央关于加强和改进思想政治工作的若干意见》

---

[1]　何兆武：《上学记》，66页，北京，生活·读书·新知三联书店，2008。

里明确指出的那样："在新的历史时期，思想领域的矛盾和斗争错综复杂，有时还表现得相当激烈。思想领域的阵地马克思主义不去占领，非马克思主义和反马克思主义的东西就必然会去占领。"①如果教育没有把人类几千年文明史中凝练下来的本体价值传递给学生，让学生在这些方面也自由选择的话，后果必然是非常严重的。要知道，希特勒是通过投票选举途径成为德国总理的。当然，现代民族国家在自身意识形态建设方面都比较注重基本价值观的灌输和建设。除了意识形态所包含的思想政治领域的价值之外，人类不同文明共享的其他价值体系也应该受到高度的重视。

当然，价值灌输必须注意两个问题。第一，灌输的内容必须是本体价值，也就是说，只有被历史证明了对人类、本国的幸福生活和发展有积极意义的价值才能成为灌输的内容。第二，灌输的对象最好是少年儿童，唯有如此才能取得比较好的效果。必须承认，对于儿童的价值观获得而言，灌输是必不可少的。在个体童年阶段，每天受到来自成年人世界的强制和约束，来自成年人的关于价值观的说教和灌输，相信每个人回忆一下都会有或多或少的记忆。在个体缺乏知识和生活经验的背景下，不通过灌输和说教，不通过强制和约束，很难将人类社会经过数千年集体生活才得以形成的良好价值观传递给儿童。人类社会的大部分价值观对于年幼无知的儿童而言都是难以从

---

① 《中共中央关于加强和改进思想政治工作的若干意见》，http：//cpc.people.com.cn/GB/64162/71380/71382/71481/4854367.html，2012-02-12。

理性层面理解和认同的，更不会通过反思和自由的选择来接纳
这些价值。正如有学者所言："如果教育者不强制和灌输，就
是不负责任，就剥夺了使儿童真正成为人的机会。"①

　　尽管价值灌输法与品格教育论在理论上受到较大的批判，
但是近些年来在实践中却有复兴的趋势。这也在一定程度上说
明了，在价值多元的现代社会中，教育如果不坚守把本体价值
传递给学生的底线，在一定程度上就等于放弃了自己的责任。

　　一直以来，社会主义核心价值观教育在全国范围内积极开
展，如何在教育实践活动中更好地通过行之有效的价值观教育
模式使社会主义核心价值观内化于心、外化于行是每一个教育
工作者必须思考的问题。通过前面的分析，我们不难发现，如
果在教育实践活动中，能够将社会主义核心价值观区分为国
家、社会和个人三个层面，以此为基础，根据主体价值的三个
维度进一步将其细化，针对不同向度的价值采取相应的价值教
育模式，那么社会主义核心价值观教育的实践效果就有可能得
到有效改善。②

二、目标价值与价值澄清模式

　　如前所述，价值澄清模式受诟病的一个原因是没能区分价
值的不同类型，未能区分"道德价值"和"非道德价值"，所以尊
重个体自由选择的同时导致了道德相对主义。任何学生都可以

---

① 戚万学：《冲突与整合——20世纪西方道德教育理论》，110页，济南，山东教育
出版社，1995。
② 高政、邓莉：《价值的概念分析与价值观教育》，载《国家教育行政学院学报》，
2015(7)。

为自己的任何行为做出在极端相对主义者看来是合理的价值的辩解。这种教育可能导致的结果恐怕只能是混乱和无政府状态。① 事实上，这种批判暗含的意思就是，如果价值澄清法将自己应用的范围限定在"非道德价值"领域的话，则不会产生道德相对主义，就是可以接受的。我们理解，"非道德价值"主要是指对个体而言有着积极意义的，值得个体追求的目标。在此意义上，非道德价值和我们的目标价值的概念是一致的。也就是说，如果我们把价值澄清模式的应用限定在目标价值层面，价值澄清模式的优势就会被最大限度地发挥出来，曾经被批判的各种弊端也将被降低到最小。

在价值多元的今天，人们对于目标价值的理解不但没有越来越多元化，反而越来越同质化了。在消费社会和现代传媒持续不断的影响下，人们开始追求商品的符号象征而非实用价值，追求广告中宣传代表着美好生活、品味和成功象征的物品成为大多数人的目标价值。在中国，这种目标价值的同质不仅表现在消费领域，而且还表现在教育领域。比如，中国教育有一个很有意思的口号："不要让孩子输在起跑线上。"相信这个口号大部分中国人都很熟悉。各种各样的胎教商品、早教机构、月子中心、幼儿园都在滥用这个口号。其实仔细反思的话，这句话预设了一个前提——孩子的一生就是一场赛跑。把赛跑作为人生的隐喻，实在是没有什么道理，因为人生并不应

---

① 鲁洁、王逢贤：《德育新论》，485 页，南京，江苏教育出版社，1994。

该是一个所有人都在一条跑道上你追我赶的过程，而是一个每个人都在追求自己理解和认可的幸福的过程。理想的人生道路应该是：学者把学术成果和思想结晶作为自己的目标价值；商人把服务和利益作为自己的目标价值；政治家把稳定公正和发展作为目标价值；农民把农产品的丰收作为自己的目标价值；学生把知识的获得和道德、能力的提高作为自己的目标价值；艺术家把高质量的文艺作品作为自己的目标价值。但事实上，在社会中，很多人是把"名和利"作为自己的目标价值的。很多时候，学生对考试排名（名誉的获取）和来自家长和学校的奖励（利益的获得）看得过重，使追求变得单一化。

那么，价值澄清理论对目标价值的教育有哪些帮助呢？我们知道，价值澄清策略主要有以下几条。

第一，选择：从各种可能选项中进行选择；对每一种可能选择的后果进行审慎思考后作出选择。

第二，珍视：珍爱，对选择感到满意；愿意向别人确认自己的选择。

第三，行动：根据选择行动；以某种生活方式不断重复。

可以看出，这些策略对于澄清个体的目标价值是非常有用的。在尊重个体自主的基础上让个体自由地选择，要求个体对自己选择的后果进行审慎思考。对于很多人而言，目标价值的获得是理所当然的，是不需要思考的，更不会去思考选择可能带来的后果。事实上，这种未经反思的目标价值对于个体的幸福和整个社会的稳定发展而言都是有害的。对于个体而言，成功不能仅仅以名利来衡量。真正的价值多元，应该是对人生选择的多元肯定，凡是在社会分工的各个领域、各个岗位上敬业、尽责、忠诚的公民，都应给予充分的尊重和承认。价值标准的单一，看似明确，其实造成了人生意义的严重丧失。这样衡量的结果，除了高居名利金字塔顶部的少数人，其他都是失败者。①

对于社会的"和谐"发展而言，差异已经是和谐的一个前提，如果没有差别，整个社会追求的价值目标都高度同质的话，也就不存在所谓的和谐了。

罗素曾言："须知参差多态，乃幸福之本源。"②说的就是，因为个体自身天资、家庭环境、教育程度和人生经验的差别，导致不同个体的认识、能力是不同的，不同个体对于幸福的理解也必然是不同的，每个人都追求自己理解的幸福，自己为自己理解的幸福设定目标，必然是参差不齐、丰富多彩的。而这些对于幸福的不同的理解，对于幸福而言是最根源的东西。如果个体没有能力去设定自己追求的目标，如果个体的一切都是被设定、被安排好了的，就算个体生活在锦衣玉食之中，可能也并没有什么幸福可言，就如《红楼梦》里的贾宝玉一般。尽管罗素的这句话有值得商榷之处，但是由于个体的差异性是普遍存在的，个体对于幸福的理解必然是多元的，这一点是毋庸置疑的。

价值澄清的模式可以帮助学生澄清自己的目标价值，让学

---

① 成伯清：《我们时代的道德焦虑》，载《探索与争鸣》，2008(11)。
② ［英］罗素：《西方哲学史》下卷，184 页，北京，商务印书馆，1976。

生找到符合自己特点的、自己真正向往的目标价值。价值澄清模式在目标价值领域的应用，既不会导致道德相对主义，又可以帮助个体澄清自己珍视的目标价值。

三、方法价值与"认知—发展"模式

方法价值主要是指个体在追求目标价值与实践本体价值时行为方式的正当性，即以不损害他者利益和自由为前提条件来追求自己设定的目标价值和实践本体价值。在前面的研究中已提到，方法价值在内涵上与道德比较接近。① 在第二章第二节笔者已论述过，"认知—发展"模式强调个体的道德价值发展必须经历六个阶段。

可以看出，"认知—发展"理论承认个体的道德发展必须经历朴素的利己主义阶段（第二阶段），在承认利己主义是道德发展的必经阶段的基础之上，通过道德两难和公正团体法等策略促使个体的道德认知水平朝更高的契约论和良心论（第五阶段和第六阶段，这两个阶段也是承认个体正当的利己主义的）的方向发展。"认知—发展"理论所承认的利己主义和方法价值侧重的正当性具有内在的契合性。如果没有利己主义，那么正当

---

① 需要补充说明的是，方法价值强调的"正当性"和道德强调的"善"的差别在于："正当性"是不给他者造成任何不利的影响，不给他者带来坏处，而"善"不仅不给他者带来坏处，而且会给他者带来好处。本研究将"善"归为本体价值，而行为方式的正当性被归为方法价值。虽然在一般的意义上，我们可以认为道德是价值的核心内容，但是在严格意义上，方法价值强调的正当性和本体价值所包含的"善"还是有较大不同的。正当性的基础是"利己主义"的，即通过确保自己行为方式的正当性而保证不对他者带来不利影响，而善的基础是"利他主义"的，即便是自己利益受到损失，也一定要去争取给他者的好处。相对而言，正当性更接近底线，在实践中也更容易做到。

性便无从谈起，正当性的重要含义便是个体在实现利己的过程中不对他者权益造成伤害。如果没有正当性，一味地强调利己主义，不注重道德认知的发展，认识不到风俗、契约、良心等实质上是在帮助利己主义朝着长远、可持续的方向发展，认识不到正当性事实上是在维护利己主义的话，利己主义是不可能长期存在下去的。换句话说，方法价值对正当性的强调事实上是在帮助个体更好地实现自己的利己追求。如果缺乏对正当性的强调，所有个体在追求自己的利己追求时，都可能被他者的不正当的行为所影响和侵害，个体的利己追求便也无法正常实现。所以，可以认为，方法价值强调的正当性和"认知—发展"理论承认的利己主义其实是高度统一的。因此，"认知—发展"模式对于培养强调行为方式正当性的方法价值而言是非常合适的。

运用价值理性的思维，借助概念分析的各种方法，我们发现价值可以被区分为客体价值与主体价值。客体价值是客体具有的满足主体需求的属性。主体价值包含三个维度：目标价值是主体正当、合理的需求；方法价值是主体通过正当的途径满足自己的正当需求；本体价值是值得主体无条件追求的或者主体自身所具有的卓越品质。价值概念的重新界定为价值教育的实践提供了新的可能与路径：本体价值与品格教育模式，目标价值与价值澄清模式，方法价值与认知发展模式在实践中存在高度的内在契合，三种主体价值对应三种价值教育实践模式，这样可以最大限度地发挥各种模式的优势。

第三章

价值理性与价值来源

在日常生活中，不管有没有意识到，我们每个人都有自己的价值标准和价值意识，在生活中运用自己的价值标准进行价值判断，在现实中运用自己的价值意识进行价值实践。一般而言，很少有人会反思这些价值标准和价值意识到底从何而来。是个体的经验使自己形成了这样的价值标准与价值意识，还是社会的教化让自己拥有了如此的价值标准与价值意识，还是有其他某种未知的原因？大部分时候生活在现实社会中的个体并没有对自己的价值来源进行理性的反思与溯源。这种对于价值来源未经反思和批判的态度在传统的熟人社会（社区）中，在传统的不同文化、不同文明之间交往非常有限的情况下不会有太大的问题。因为周围的人和自己有着类似的经验、同样的社会文化，因此价值标准和价值意识总不会差别太大。但是在社会结构朝着公共化方向转型的今天，面对着不同文明间的价值冲突，面对着不同个体间因为各种差别而造成的价值分歧，如果我们仍然不对价值的来源进行理性反思与溯源的话，在实践中就很可能无法很好地解决无处不在的价值冲突，在理论上也无法建构起一套完整的价值理论。

在价值哲学领域，有关价值的发生和起源一直存在着两种对立的学术流派：价值绝对主义与价值相对主义。学术界目前虽然没有对价值绝对主义和价值相对主义的内涵达成广泛的共识，但对这两种学术流派的基本理论主张形成了一些共同的看法。本章将在简要介绍价值绝对主义与价值相对主义理论主要内容的基础上，从历史和逻辑的角度对这两个价值流派进行批判，最后提出价值理性在价值来源问题上的解答。

第一节　价值来源的传统立场

一、价值来源的绝对主义立场及其反思

价值绝对主义认为价值有唯一合法的来源，价值标准是绝对不变且是唯一的，任何价值判断和价值实践都必须以这种唯一不变的绝对价值标准作为准绳，必须用这种绝对的价值标准去衡量一切。价值绝对主义将价值的最终来源诉诸某一绝对的权威，将某一绝对的权威认为是所有价值规范和价值标准的最终来源，这种绝对的权威可以是政治领域的领袖，也可以是宗教领域的神灵或其代言人，也可以是文化领域中的圣贤等。价值绝对主义在现代社会之前人类的价值生活领域大行其道，基督教文明中上帝和耶稣成为一切世俗和神圣价值的最终来源，

伊斯兰文明中的真主成为一切世俗和神圣价值的最终来源。事实上，在现代社会之前，价值绝对主义是人们在价值领域最真实的写照，但是在韦伯所谓的被"祛魅"（disenchantment）后诸神喧嚣的现代社会中，传统社会最主要的两种权威类型：传统的权威与魅力型权威（charismatic authority）纷纷被解构，法理型权威开始成为现代社会主要的权威类型。也正是因为这种传统权威的祛魅和解构，绝对价值破产，才让价值相对主义在现代社会有了出现的可能性。

价值绝对主义认为只有自己诉诸的价值权威才是真正的权威，这个权威掌握了所有的价值真理，我们所有的价值实践和价值认识、价值判断都必须依赖于这个自己信奉的价值权威的观点，其他的价值权威根本就不存在或者都是谬论和一派胡言。价值绝对主义的本质就是某些价值在自我确证的同时表现出过度的普遍化和绝对化的倾向，从而对其他的价值具有侵略性和不可包容性等特点。价值绝对主义试图建立统一的价值格局，认为只有消除与自己不同的价值，世界才能成为一个和谐的整体和具有良好的秩序，任何与自己异质的价值都是对世界稳定的挑战，也是对自己的敌视。正如以赛亚·柏林所言：

> 没有什么东西比这种信念更有害：某些个体或群体（或者部落、国、民族、教会）认为，只有他、她或他们唯一拥有真理，特别是那些关于怎样生活、成为什么与做什么的真理；而与他们不同的人，不仅是错误，而且是邪恶

与疯狂的，因此需要抑制与镇压。相信只有自己正确，这是一种可怕而危险的自大：拥有看到那唯一真理的灵眼，而如果别人不同意，错的只能是他们。这使得一个人相信对于他的民族、教会或全人类，存在着一个目标，而且是唯一一个目标，只要这个目标能够实现，无论遭受多大的不幸（特别是就别人而言）都是值得的——"造就爱的王国需要血流成河"（以及诸如此类），罗伯斯庇尔如是说。希特勒……还有我敢说基督徒与穆斯林以及天主教徒与新教徒之间的宗教战争的领袖们，都真诚地相信：对于折磨人类的那些中心问题，存在着一种且唯一一种答案。[①]

霸权主义是价值绝对主义在实践中的典型表现。价值绝对主义用一种旧的形而上学的观点，拒绝用辩证的观点来对待和处理价值问题。在一定程度上，我们可以认为价值绝对主义即是价值领域的教条主义。

二、价值来源的相对主义立场及其反思

价值相对主义主张价值和文化紧密相连，不同的文化孕育了不同的价值，任何价值都必须放在特定的社会文化背景中才能被理解。文化的多样性导致了价值的多样性，因为没有一种统一的文化，因此并不存在一种统一的价值标准。与事实不同，任何价值都是相对的、主观的，所有的价值判断都是同样

---

① ［英］伯林：《自由论》，353～354 页，南京，译林出版社，2011。

正当的。价值相对主义认为我们不能拿一种文化中的价值标准去评判另外一种文化中的行为，任何行为都必须放在特定的文化价值背景中才能被理解，任何价值判断都必须与特定价值所属的文化联系起来才有意义。价值相对主义还主张："判断人们所有行为是否正当，只能参照习俗对人的行为的规范，或者根据本文化传统中所认定的'圣贤'的有关应该提倡什么禁止什么的训诫。这些以往形成的观念传到我们这里，我们就必须接受，并应当作为衡量我们行为对错的价值标准。"①

在理论上，价值相对主义的提出和文化相对主义、后现代理论有着密切的关联。文化相对主义的理论渊源可以追溯到20世纪初。在19世纪，一些种族主义人类学学者将西方（主要是欧洲和北美）的文明当作人类文明的标准，将西方的宗教、伦理和价值说成是最佳的、最优越的和最文明的，甚至用种族遗传学来解释不同地域文明与文化的差异，来证明西方文化和人种的优越性。美国人类学者露丝·本尼迪克特对种族中心主义的人类学理论极为不满，她认为，人类学家和文化学工作者如果不能持一种超然的态度，不能保持价值中立，不能采取被研究文化的观点，不能对之产生一种感情，不能对被研究者采取"客观位"（etic）的态度，那他就不能正确地揭示文化事实和变迁规律。只有从当地文化的立场出发，才能发现某种文化元素在整个文化体系中的价值意义。② 除了价值标准的相对性外，

---

① 翟振明：《在道德问题上将讲理进行到底》，载《中外人文精神研究》，2008(12)。
② 马庆钰：《对文化相对主义的反思》，载《哲学研究》，1997(4)。

本尼迪克特认为行为的标准也是相对的。行为的异常或正常只有在一定的文化体系内才能被很好地理解。"希腊人把同性恋视为理想人；刻于异性装扮者在新墨西哥州的祖尼文化中有重要社会地位；对温哥华岛的夸库特耳人来说，征服竞争对手、获得殊荣的重要手段莫过于彻底的毁坏行为；对加州印第安人的萨斯塔部落来讲迷狂与癫痫不是疾病，而是获取权力与地位的重要途径。这一切对于外在于其文化体系者看来，都是不可思议的行为，而在其内部，却成为有价值的行为标准。"①

事实上，人类学路径和哲学路径的价值相对论在很大程度上是互相影响乃至重叠的，尤其在 20 世纪后半叶，这种影响和互动更为频繁。哲学上的后现代主义为人类学的文化相对论提供了理论来源，人类学的文化相对论为哲学上的相对主义提供了现实的例证，不同的学科路径得出了结论大致相近的价值相对论。纵观哲学相对论与人类学的文化相对论，我们可以将价值相对论的主要观点简单地概括为：价值相对论将文化作为价值的最终来源，将价值视为文化最核心的组成部分。文化是帮助人类实现自己的能力和解决生活中遇到的困难的制度化路径，人类面对的环境是千差万别的，因而文化也是千差万别的。不同文化之间是不可通约的，不同价值之间也是不可通约的。不能用一种文化的价值标准去评判另一种文化中的现象。在价值来源上，价值相对主义将价值诉诸文化和历史传统、风

---

① 马庆钰：《对文化相对主义的反思》，载《哲学研究》，1997(4)。

俗习惯；在价值评价上，价值相对主义否认不同文化之间存在着价值比较的可能性。

价值相对主义无论是在事实还是在理论层面都存在着一些无法解决的问题。

第一，从文化层次的角度来看，一个地区和民族的文化生活是包罗万象、非常丰富的，这些包罗万象的文化其实存在着不同的层次。美国著名人类学家菲利普·巴格比曾经用"亚文化"和"超文化"①来区分文化的不同层次，他指出，"亚文化"指的是小的社群、阶层、职业群体的衣食住行、婚俗礼节、风土人情等习惯、风俗和制度，从亚文化层面看，确实存在一些因地域和历史而异的偏好，这个世界真的是丰富多彩，无奇不有。"超文化"指的是两个和两个以上社群或民族、区域，甚至整个人类世界的一些基本价值认同。从超文化的层面来看，这些无奇不有的亚文化背后的价值认同却有一致性。从表面来看，价值相对主义宣称的不同文化之间的价值差异的确可以说是一目了然的。但是，表面上的价值差异的背后却往往有一致性。例如，有的文化反对堕胎合法化，有的文化支持堕胎合法化，事实上这两个看起来截然相反的文化都是出于尊重生命的价值，后者是出于保护孕妇生命的价值，前者则是保护胎儿生命的价值。有的文明用近距离的身体接触（如拥抱）对待来宾，有的文明用远距离的身体毫不接触（如作揖）来迎接客人，但这

---

① ［美］菲利普·巴格比：《文化：历史的投影》，58 页，上海，上海人民出版社，1987。

二者事实上都在表示对客人的欢迎和尊重。基督教经典《圣经》告诫信徒禁止离婚，现代人却是信奉"婚姻自由"的价值观，表面看起来这二者截然相反。但是，在《圣经》成书的时期，由于生产力的低下，妇女在经济上是没有保障的，因此《圣经》中禁止离婚的戒律可以理解为保护弱者（妇女、儿童）不受强者的欺凌遗弃。社会生产力得到极大发展的今天，妇女的经济地位和物质基础有了保障，因此婚姻自由事实上是在保护妇女追求幸福生活的权利。表面上看起来截然相反的两个行为，从深层次来看其实都蕴含着保护妇女权益的价值取向。

因此，我们不能简单根据表面上不同文化的不同行为就否认存在统一的价值。尤其到了今天，环境保护、持续发展、区域和平更是成为全球不同地区和民族共同关心的主题。在此以前，人类生活的许多共同的主题也是具有很多一致性的，和文化相对主义者宣称的很不一样。

第二，从文化目的的角度来看，任何人都不能否定文化的根本目的是更好地维持社会的发展和实现人类的福祉。文化的价值在于帮助生活于其中的人更好地生存、享受和发展，而不是使生活于其中的人毁灭、压抑与被控制。我们谈文化也并不仅仅是为了理论上的研究，而是为了社会实践能朝着更好的方向发展。从文化自身的角度来看，文化必须拥有有助于文化自身存在与发展的功能，不然的话这种文化是不可能长久存在的。从目的角度来看，人类创造出来的文化是为了帮助人类追求更幸福美好的生活，而不可能是为了寻求痛苦和困顿。如果有寻求痛苦和困顿的文化的话，那么这种文化的主体——生活在其中的人类肯定早已消亡了，由此我们便有理由以文化目的为标准对不同文化进行比较和判断。以当下眼光来看，如果以同性恋为价值取向的话，那么生活于其中的人便不可能有后代繁衍下来，这种文化也会很快就消亡了。如果有权力和地位的人都是有迷狂和疯癫行为的人，这些权力拥有者在实践自己权力的时候便不可能有理性的设计和长远的规划，这种通过疯癫和迷狂的方式来组织社会生活的文化是不可能长期维持和发展下去的；如果以背信弃义、冷酷仇恨为美德，最后社会组织必将因为缺乏基本的诚信而解体，整个民族也会因自相残杀而消亡。

所以，虽然在现实中以上文化类型客观存在着，但从文化自身的目的来看，它们都不是值得提倡和学习的，它们不能使文化长久地维持和发展下去。我们今天已经拥有了理性的能力去认识文化、评价文化和反思文化。文化目的角度的思考告诉我们，上述提到的那些活法是不适合当代人类生活的。这一论断即便是文化相对主义者也不会否认。[①]

一个文化外部的人可以用任何一种姿态来评价这种文化，因为任何姿态都无关评价者切身的利益，然而对于生活在这个

---

① 20世纪晚期，以文化相对论为理论基础的"多元文化论"在美国兴起，多元文化论者把发展中国家的习俗习惯当作异域风情来欣赏，却并不真正关心生活在其中的人们的生活状态。表面上看，"多元文化论"是一种文化宽容，是对传统殖民主义文化观的反叛，可是这种表面反叛的背后，却是另一种形式的文化殖民主义。一位法国人类学家抱怨英国人把预防天花的疫苗引进到印度，使得印度人原来在得天花时去拜神的古老习俗绝迹。

文化体系内的人而言就很不一样了，文化评价观念的理性与否、正确与否，直接关联着人们生活的福祉与社会的发展。用马克思主义的术语来说，这涉及社会实践的内在需要。从文化目的角度来看，价值相对主义看起来很美，但对于人的福祉和社会发展来说却很不实用。

第三，从哲学角度来看，罗蒂曾经十分肯定地说，相对主义在逻辑上必然是自我否定的，因而实际上相对主义是一种不可能的学说[①]（是一种悖论）。如果相对主义宣称的"一切理论都是相对的"这句话是对的，那么，"一切理论都是相对的"这句话本身也就是相对的了。既然这句话本身是相对的，不是绝对的，那么从逻辑上我们就不能说一切理论都是相对的了。或者换一个角度来看，如果"一切理论都是相对的"这句话本身并不相对而是绝对为真的，那么即使其他所有理论都是相对的，我们也还是不能说所有的理论都是相对的，因为至少还有一个关于"一切理论都是相对的"的理论是绝对的。这就是相对主义在逻辑上不可解决的悖论。

第二节　价值来源的价值理性立场

毋庸置疑，价值相对主义和价值绝对主义为我们提供的理解价值来源问题的理论方案都具有一定程度的合理性，价值的

---

① ［美］罗蒂：《后哲学文化》，69 页，上海，上海译文出版社，1992。

确存在着文化的来源和绝对权威的来源，这是已经被实际经验所证实了的。但是，这两种理论自身都有"一源论"的倾向。价值相对主义将文化作为价值的唯一的来源，价值绝对主义将绝对的权威作为价值的唯一来源。辩证地来看，笔者认为价值是一个非常庞杂的系统，价值的来源也应该是多元而非一元的。

在价值相对主义坚信的文化来源和价值绝对主义所谓的权威来源以外，笔者认为，还存在第三种来源，价值的"主体"来源，即源自人类本能的价值。这类价值又可以分为两类：第一类，比如母爱、同情心，这些价值是一种先天存在的价值实能，不需要后天的学习和教化就能拥有，和人的视力和听力一样不学而能，是正常人生而拥有的能力；第二类是先天存在的价值潜能，比如害羞、羞恶之心，这些价值的形式是先天的，内容是后天的。害羞的形式是先天的，但是因为什么原因而害羞的内容却是后天文化教育因素决定的。

马克斯·舍勒(Max Scheler)曾这样举例说明羞耻心作为一种价值潜能。非洲某些原始部落的风俗是不穿衣服，欧洲传教士到了以后就教当地人穿上衣服，结果穿上衣服之后这些还处在原始文明的非洲人居然感到害羞，在路上看到人就躲在石头和树木的后面，和欧洲文明中人不穿衣服会害羞形成鲜明对比。把这习惯不穿衣服的原始部落儿童带到欧洲社会抚养长大，结果他们变得和欧洲人一样，会因为不穿衣服而害羞。据此舍勒得出这样的结论，害羞的能力(形式上)是先天的，但是因为什么原因(实质上)而害羞的内容则是后天教育的结果，因此可以认为害羞是一种先天的潜能，和走路、说话一样，是需要学习才能实现的潜能。①

为什么说同情、母爱等价值是先天具有的而不是后天养成的？因为这些价值基本上是不受理智控制的，我们不能通过理性的方法去同情某人，更不需要通过理智去爱自己的孩子。"同情心、羞耻感、敬畏感、母爱等等，都全然不是或不完全是教育的结果。它们与习得性本能显然相距甚远。看见别人补牙自己会牙酸、母亲对子女的爱、不可控制的脸红，还包括无法遏制的悲伤与痛苦之流泪——这些都不可能是学会的，而是与生俱来的。"②

笔者认为，有部分价值来自具有相对性的文化，有部分价值来源于具有绝对性的权威，还有一部分价值来源于主体自身所具有的"先天价值能力"③（实能或者潜能）。我们把来源于主体自身的价值称为"源自主体本能的价值"，将来源于社会与文化的价值（包括来自绝对性权威和来自相对性的文化的价值）称为"源自主体间（社会）的价值"。

综上，我们可以认为价值的来源有两个方面：①产生于主体本能；②产生于主体间（社会）。

---

①　[德]马克斯·舍勒：《伦理学中的形式主义与质料的价值伦理学》，北京，商务印书馆，2011。

②　倪梁康：《心的秩序：一种现象学心学研究的可能性》，63 页，南京，江苏人民出版社，2010。

③　倪梁康：《心的秩序：一种现象学心学研究的可能性》，43 页，南京，江苏人民出版社，2010。

一、价值的主体(本能)来源

源自主体自身本能的价值是主体与生俱来的，是人性中所固有的，是人不学而能的实能，或者先天具有形式，后天通过文化和社会化学习内容的潜能。这个观点在儒家经典中多有论及。孟子关于"四端"和"良知"的学说可以认为是学术史上最早指出人类具有源自主体自身本能的价值的学说之一。

孟子认为人性本善，并在《孟子·尽心上》中提出："人之所不学而能者，其良能也；所不虑而知者，其良知也。"在《孟子·告子上》中，他提出四端说，也是强调四端的"固有""不学而能"的特征：

> 乃若其情，则可以为善矣，乃所谓善也。若夫为不善，非才之罪也。恻隐之心，人皆有之；羞恶之心，人皆有之；恭敬之心，人皆有之；是非之心，人皆有之。恻隐之心，仁也；羞恶之心，义也；恭敬之心，礼也；是非之心，智也。仁义礼智，非由外铄我也，我固有之也，弗思耳矣。故曰："求则得之，舍则失之。"或相倍蓰而无算者，不能尽其才者也。[1]

在孟子看来，人天生具有的价值包括四种。实际上将恻隐

---

[1] 《孟子·告子上》。

之心和羞恶之心①当作源自主体自身的价值已基本上得到学术界的承认，但恭敬之心和是非之心还有比较大的争议，这正是孟子性善说②引起质疑的地方。

孟子还有另外两处论及恻隐之心，一处是：

> 所以谓人皆有不忍人之心者，今人乍见孺子将入于井，皆有怵惕恻隐之心。非所以内交于孺子之父母也，非所以要誉于乡党朋友也，非恶其声而然也。由是观之，无恻隐之心，非人也。③

另一处是：

> （齐宣王）曰："若寡人者，可以保民乎哉？"曰："可。"曰："何由知吾可也？"曰："臣闻之胡龁曰，王坐于堂上，有牵牛而过堂下者，王见之，曰：'牛何之？'对曰：'将以

---

① 在基督教中，羞恶之心是伊甸园中的亚当和夏娃受了魔鬼的诱惑违背了上帝的戒律吃了智慧果之后才具有的能力，可以看成是犯了原罪的结果。

② 性善说引起质疑的有两点：第一，是非之心不一定人皆有之，作为一种价值判断的是非判断能力一方面取决于主体自身的价值标准，另一方面取决于主体对判断对象的事实判断；第二，如果说价值是固有的、与生俱来的，那么它就是本能性的，也正因为它是本能性的，所以是无所谓善恶的。但我们说它是善的或恶的时候，已经不是在谈它本身，而是在谈它对于他者和社会而言的后果和功用。

③ 《孟子·公孙丑上》。译文：之所以说"凡是人都有怜恤他人之心"，是因为人们突然见到小孩子将要掉入井中，都会有惊惧同情之心。这样做并非是为了和孩子的父母拉关系，并非是为了在邻里朋友间沽名钓誉，也并非是因为厌恶孩子的哭叫声。由此看来，没有同情之心的不能算人。（选自金良年：《孟子译注》，70页，上海，上海古籍出版社，2010。）

衅钟。'王曰：'舍之！吾不忍其觳觫，若无罪而就死地。'对曰：'然则废衅钟与？'曰：'何可废也？以羊易之！'不识有诸？"曰："有之。"曰："是心足以王矣。百姓皆以王为爱也，臣固知王之不忍也。"王曰："然。诚有百姓者。齐国虽褊小，吾何爱一牛？即不忍其觳觫，若无罪而就死地，故以羊易之也。"曰："王无异于百姓之以王为爱也。以小易大，彼恶知之？王若隐其无罪而就死地，则牛羊何择焉？"王笑曰："是诚何心哉？我非爱其财。而易之以羊也，宜乎百姓之谓我爱也。"曰："无伤也，是乃仁术也，见牛未见羊也。君子之于禽兽也，见其生，不忍见其死；闻其声，不忍食其肉。是以君子远庖厨也。"①

孟子关于齐宣王对待牛羊行为的解释与我们日常生活中一个很普遍的现象非常类似：当我们只是在报纸上读到或者在收音机里听到一场自然灾害或者其他灾难的报道时，我们通常不

---

① 《孟子·梁惠王上》。译文：宣王说："像我这样能够安抚民众吗？"孟子说："能。"宣王说："凭什么知道我能够呢？"孟子说："我听大臣胡龁说，大王坐在殿堂上，有牵牛的人从堂下经过，大王见了问道：'牛往哪儿牵啊？'那人答道：'要用它来祭钟。'大王说：'放了它吧，我不忍心它战栗发抖，那是没有罪而被处死。'那人说：'那就不祭钟了？'大王说：'怎么能不祭呢？用羊来代替。'不知道有这回事吗？"宣王说："有这回事。"孟子说："有这样的心思就足以称王天下了。百姓们都认为大王吝啬，我总觉得大王是不忍心。"宣王说："是啊，确实有百姓这样认为。齐国虽然狭小，我何至于要吝啬一条牛？只是不忍心它战栗发抖，就像没有罪而被处死一般，所以用羊换下它。"孟子说："大王不要怪百姓认为您吝啬，用小的替换大的，这用心他们怎么会知道呢？大王如果怜悯它没有罪而被处死，那么牛和羊有什么区别呢？"宣王笑着说："这真算什么心思呢？我并不是吝啬这点钱财而用羊来替换的，怪不得百姓要说我吝啬。"孟子说："没有关系，这是一种仁术，因为只见到了牛而没有见到羊。君子对于禽兽，见到活着的就不忍心再见到死的，听到它们的叫声就不忍心再吃它们的肉，自此君子远离厨房。"（选自金良年：《孟子译注》，19页，上海，上海古籍出版社，2010。）

会自发地主动地想去帮助这些不幸的灾民。但是当我们在电视上看到关于灾难的悲惨画面，被悲惨的画面所震撼时，很多人都会情不自禁地想去给灾民一些力所能及的帮助。

孟子将恻隐之心(同情心)看作是人之所以为人的根本，没有同情心的人便不再是人，没有同情心人便与禽兽无异。此外，孟子认为同情心是道德价值的基础，一个富有同情心的人便是一个有道德感的人，没有同情心的人是不可能有道德感的。一个富有同情心的政治家便是一个拥有了儒家的"仁爱之心"的政治家，便能够很好地统治、管理自己的国家。

孟子以外，西方思想史上诸多名家都对同情心有所论述，亚当·斯密这样写道：

> 无论人们会认为某人怎样自私，这个人的天赋中总是明显地存在着这样的一些本性，这些本性使他关心别人的命运，把别人的幸福看成是自己的事情，虽然他除了看到别人幸福而感到高兴以外，一无所得。这种本性就是怜悯或同情，就是当我们看到或逼真地想象到他人的不幸遭遇时所产生的感情。[1]

可以看出，亚当·斯密将同情视为道德的起源与核心，并且认为同情是一种人的本性，即使从功利的角度来看这种本性

---

[1] ［英］亚当·斯密：《道德情操论》，5 页，北京，商务印书馆，2011。

对人并无太大的直接益处。

卢梭认为：

> 怜悯心是一种自然的情感，它能缓和每一个人只知道
> 顾自己的自爱心，从而有助于整个人类互相保存。……它
> 能使每一个身强力壮的野蛮人宁可到别处去寻找到食物，
> 也不去抢夺身体柔弱的孩子或老人费了许多辛苦才获得的
> 东西。在训导人方面，它摈弃了"你们愿意人怎样待你们，
> 你们也要怎样待人"这样一句富于理性和符合公正原则的
> 精辟格言，而采用"在谋求你自己的利益时，要尽可能不
> 损害他人"这样一句出自善良天性的格言。尽管这句格言
> 没有前一句格言完善，但也许更有用处。总而言之一句
> 话，我们不应该在高深的理论中而应当在这种自然的情感
> 中去寻找人即使没有受过教育的熏陶也不愿意做恶事的
> 原因。①

卢梭将同情心视为道德的基础，同时他还把社会性的正义
或公正看作是派生的，卢梭甚至认为自然法的一切规则"能从
（自爱与怜悯这两个原动力）中产生出来"②。

奥克肖特提到："道德生活形式首先是一种情感和行为；

① ［法］卢梭：《论人与人之间不平等的起因和基础》，38、75 页，北京，商务印书
馆，2007。

② 倪梁康：《心的秩序：一种现象学心学研究的可能性》，71 页，南京，江苏人民
出版社，2010。

它不是一种反省思考的习惯，而是一种情感和行为的习惯。正常生活状况的满足不是通过我们自己去有意识地适应一种行为规则，也不是通过行为来表达我们对于道德理想的接受，而是通过某种行为习惯达成的。这种形式的道德生活不是源于对行为方式进行选择的意识，也不是源于选择时起决定作用的观念、规则或理想；道德行为非常接近于无意识。"①

现代生理学最新的研究也有类似的发现，最近发现的镜像神经元具有表征与个体自身行为相似的动作图式的功能，"G. Rizzolatti 和 V. Gallese 通过对灵长类动物的实验发现了一个位于大脑运动前区具有表征其它动物视觉编码的运动功能的神经元系统。这些镜像神经元可以表征与个体自身行为相似的动作图式"②，这些为解释同情心作为一种不学而能的先天官能的存在提供了自然科学的依据。

纽约大学的社会心理学家乔纳森·海特(Jonathan Haidt)研究发现，有不同政治意识形态的人，可能的确是不同类型的人。人的道德思想并非是后天习得的，更不是自己临时理性计算的结果，而是头脑中固有，甚至在一定程度上由基因决定的。③海特研究发现，我们的大脑中安装了各种模块，一旦识别到符合某个模式的东西就会立即反应。比如你正在路上走，突然有人向你跑过来，马上要撞到你了，你自然就会感到紧

① ［英］奥克肖特：《巴比塔——论人类道德生活的形式》，载《世界哲学》，2003(4)。
② ［德］洛马尔：《镜像神经元与主体间性现象学》，载《世界哲学》，2007(6)。
③ ［美］乔纳森·海特：《正义之心》，112页，杭州，浙江人民出版社，2014。

张。紧张感就是你对面前出现的这个情境模式的反应。类似的模块还包括害怕蛇。人脑中有这么一个针对蛇的探测器模块，一旦看到蛇或者类似于蛇的东西就会自动识别并启动害怕的感情机制。这些模式识别能力并非后天被人撞过或者被蛇咬过之后才习得，而是写在基因之中，一出生就会，是进化带给我们的本能。事实上，神经科学家的最新解释是，我们一出生大脑就相当于一本书，这本书的每一章都不是空白的，都已经写了一个草稿，或者至少列了提纲。我们长大的过程中可能会因为自己的经历去修改和完善这本书，但是那草稿仍然非常重要。①

现代心理学通过实证的途径证实了移情是一种先天性的利他主义的动机系统，人们对出生3～4小时的婴儿和出生两天的婴儿的研究表明，新生儿对于其他婴儿的哭声的反应要比对同音调、同音量的其他声音的反应强得多。② 墨菲也发现，在儿童的道德控制得到牢固的建立之前，他们就可以观察到移情的发生。③ 美国著名心理学家、纽约大学教授马丁·霍夫曼在《移情与道德发展》一书中认为，同情能力是人类天生具有的特性。他在书中写道：

---

① ［美］乔纳森·海特：《正义之心》，142 页，杭州，浙江人民出版社，2014.

② 参见 A. Sagi，M. Hoffman，"Empathic distress in the newborn"，*Developmental Psychology*，1976(12)：17-176；M. L. Simner. "Newborns' response to the cry of another infant"，*Developmental Psychology*，1971(5)：136-150.

③ 参见 L. B. Murphy，*Social Behavior and Child Personality：An Exploratory Study of Some Roots of Sympathy*，New York，Columbia University Press，1937。

　　研究婴幼儿的学者和一般人都早已知道，当人类的婴儿听见另一个婴儿哭泣的时候，他们就开始哭泣。对这种反应性哭泣所进行的第一个控制性研究是西姆纳(Simmer)做的，这是在出生 2～3 天的婴儿身上发现的。西姆纳也确定，反应性哭泣的原因不是另一个人哭泣的声音很大，因为当婴儿听见一个人工产生的(计算机模拟的)同样大声的哭声时，他们并不会哭泣。塞基(Sagi)和霍夫曼(Hoffman)在出生 1 天的新生儿身上重复了西姆纳的研究发现，他们还报告说，这种反应性哭泣并不是一种毫无情感成分的简单的声音模仿反应。相反，它是强有力的，难以和处在实际不愉快中的婴儿的自发哭泣区分开来的。马丁(Martin)和克拉克(Clark)重复了这些研究发现，也表明婴儿的哭泣和黑猩猩的哭泣不同，甚至和他们自己哭泣的声音也不同。人类婴儿哭泣的声音似乎是一件特别令人不快的事情，它使新生儿处在一种焦虑不安的不愉快状态。①

　　事实上，如果涉及一般人性问题，存在着这种先天结构形式的就不仅仅是语言和认知能力，道德能力作为人性之中最主要的组成部分在构成形式上必然也存在着与语言能力相似的地方，同情心、爱、羞耻心等价值品格和语言能力一样都是个体

---

　　① ［美］马丁·霍夫曼：《移情与道德发展》，85 页，哈尔滨，黑龙江人民出版社，2003。

先天结构形式与后天经验内容的统一。单纯的某一方面（先天的心智结构或后天的纯粹经验）并不足以构成完整的价值品格。

　　源自主体自身本能的价值是与生俱来的，因此是普遍的，是所有人都共同拥有的，不论民族种族、历史阶段、文化传统与社会制度的差异。我们可以发现，每个民族和文化中都有源自主体自身的价值，或者被称为"恻隐"，或者被称为"同情"①，等等。因为这些源自主体自身的价值是主体先天便具有的本能，所以在后天只能被顺应、呵护、激发，而不能被灌输、教化和教授。因此，从此角度来看，并不是所有的价值品格都是可以教授给学生或通过教育的方式传递的。有些价值品格是一种像眼睛具有看的能力、耳朵具有听的能力等一样不需要学习就能具有的本能，另一些价值品格是一种像说话、走路那样不学习就不会实现的潜能，那么价值到底是可教还是不可教的问题便得到了回答：源自主体自身本能的价值是不可以教化和传授的，除此以外的则是可以教化和传授的。

　　源自主体自身本能的价值大多是无确定对象的，严格地说，它是"良心"而非"良知"。苏格拉底在事关自己生死的最后的审判中反复提及的自己听到的"灵异"的声音、康德所谓的"内心法官的判决"、海德格尔所谓的"良知的呼唤"，都是以非对象的形式存在着的。但它们又是那么真实而强烈地存在着，且强烈到足以被主体所意识到。严格意义上来讲，源自主体自

———————

① 爱的情况比较复杂，既有先天的爱，比如父母对于子女的爱，也有爱祖国、爱党等，前者属于源自主体自身本能的爱，后者则是属于先天能力和后天质料相结合的爱。

身本能的价值属于休谟意义上的"自然美德"(natural virtue)①，因此在一定程度上无法避免自然主义的倾向。此外，对于人类复杂的社会生活而言，仅凭这些源自主体自身本能的价值，仅凭这些休谟所谓的"自然美德"，不足以建构起一个在社会环境中的完整的价值体系。

二、价值的主体间(社会)来源

源自社会的价值的一个最重要的特征就是它对社会存在与发展的有用性。正如休谟所言："正义是对社会有用的，因而至少其价值的这个部分必定起源于这种考虑，要证明这一命题将是一件多余的事情。公共的效用是正义的唯一起源，对这一德性的有益后果的反思是其价值的唯一基础。"②

因此，我们可以认为所有源自社会的价值都是为了社会的存续和发展而产生的，基本上都是经过集体理性思考与反思得来的，而非与生俱来的。因为这种价值是后天约定的，因此与休谟所谓的"人为美德"(artificial virtue)意义非常接近。③ 休谟说："正义与非义的感觉不是由自然得来的，而是人为地(虽然是必然的)由教育和人类的协议发生的。"④

因为源自社会的价值是生活在特定文化、历史、时空背景下的主体间的互相约定，所以它们只对特定时代、特定共同

---

① ［英］休谟：《人性论》下册，537 页，北京，商务印书馆，1980。
② ［英］休谟：《道德原则研究》，35 页，北京，商务印书馆，2001。
③ 源自主体自身的价值可以看作是一种个人与自己的约定，源自社会的价值可以看作是一种人与人之间的约定。
④ ［英］休谟：《人性论》下册，523 页，北京，商务印书馆，1980。

体、特定文化有效。审视人类价值状况的历史时很容易会发现，普遍（空间维度）有效和持续（时间维度）有效的价值比较有限。但也存在着少量诸如正义、宽容、和平等符合普遍人性和共同体稳定、发展的价值几乎是所有文化中都普遍存在的。但是大部分价值是不具备这种特点的，如平等、贞洁、孝悌等价值，就并非是每个民族文化、每个历史阶段都具有的普遍价值。

与源自主体自身的本能价值不同的是，源自社会的价值是能够被教化和传授的。休谟非常明确地指出：源自社会的价值"是由于应付人类的环境和需要所采用的人为措施或设计"。"因此，补救的方法不是由自然得来，而是由人为措施得来的"①。

事实上，价值相对主义认为所有的价值都源自文化，都源自主体间的互相约定，这种看法具有一定的合理性和积极意义。但是价值相对主义把文化作为价值的唯一来源，犯了以偏概全的错误。文化在一定程度上是相对的，这就使价值相对主义错误地得出不同价值之间不可通约、不可比较的结论。

第三节　不同来源的价值及其教育

一、主体来源价值的教育：唤醒

从价值的起源来看，价值理性的立场认为价值有主体的来源、社会的来源和超越的来源三种不同的价值来源。主体的来

---

① ［英］休谟：《人性论》下册，517、529 页，北京，商务印书馆，1980。

源以一种先天实能或者潜能的形式存在于个体身上，个体不依靠后天社会文化的教化就会自然拥有某些价值品格，如同情心、羞耻心等。社会的来源是指在社会生活中不同主体间相互约定的价值原则，如诚实、公正、认真、尊重等价值品格，没有集体的社会生活，这些价值从逻辑上讲就很难出现。超越的来源是指个体或者群体信仰和价值权威要求信奉者具备某些价值品格，如虔诚、敬畏等价值品格。没有绝对信仰的价值权威，这些价值品格是很难出现的。

在前面的论述中我们提到，一般而言，主体来源的价值主要有同情心和羞耻心。这两个价值品格虽然都是主体天生具有的，但是也有细微的差别。同情心从形式到内容都是天生具有、不学而能的。而羞耻心则是在形式上先天，在内容上却是后天的，即羞耻心这种能力是先天的，但是因为什么而羞耻的内容却是后天文化教化的，这就是舍勒认为的羞耻心是先天形式和后天质料的结合①。

从严格意义上来讲，同情心是无法教育的，因为同情心是生而具有的本能，就像（正常）人生而具有视觉和听觉这样的本能一样。无论是品格教育理论、价值澄清理论还是"认知—发展"理论，对于同情心的培育而言都是不太适当的。但是，这并不意味着教育对于同情心的培育只能无所作为，教育依然可以在学生同情心的教育方面起到积极的促进作用。

————————

① 参见［德］马克斯·舍勒：《论害羞与羞感》，见［德］马克斯·舍勒：《价值的颠覆》，164～282 页，北京，生活·读书·新知三联书店，1997。

　　首先，教师要明确同情心培育的重要作用。同情心对于一个具有良好品格的人而言，不是可有可无的情感，而是一种必不可少的品质。缺乏同情心的人是不可能真正富有道德感的，缺乏同情心的人是不可能真正懂得关心、关怀他者的。

　　其次，教师要具备丰富的同情心。教师要有同情心，要对学生充满同情，这是中外许多思想家和教育家对良好教师品质的共识。奥古斯丁在古罗马帝国时代就提出，教师必须对学生充满同情心，以便不依靠体罚和武断的责备，而应依靠源自上帝的同情与爱来看待学生的境况，引导他们领会教师要教给他的东西。他说："我们必须同情他的境况。我们在言谈中不要显得他似乎一无所知，而且要在言谈中表露出我们是在提醒他想起他已经知道的东西。对他的困难和反对意见，不要傲慢地置之不理，而是在谦虚交谈中加以讨论。"①阿尔·伽扎利在 11 世纪时也说，教育在本质上不仅是一个逻辑思考的过程，也是一个道德和价值观学习的过程。因此，"教师应当对他的学生有同情心，和善地对待他们，把他们看做是自己的儿子，指引他们，给他们以忠告"；"教学应当进行得能感动人，因而承认学生之间的差别，帮助他们按照他们自己的能力和兴趣去发展"②。

　　再次，教师自身应该有更多的耐心和倾听。范梅南说：

---

　　①　[英]乔伊·帕尔默：《教育究竟是什么？——100 位思想家论教育》，34 页，北京，北京大学出版社，2008。
　　②　[英]乔伊·帕尔默：《教育究竟是什么？——100 位思想家论教育》，41 页，北京，北京大学出版社，2008。

"具备同情能力是能够分辨孩子的声音、眼神、动作和神态的细微差异表征。带着同情心我们感受到孩子的体验是什么样的，他又是处在一种什么样的情绪之中——受挫、兴奋、伤心、厌烦、快乐、冒险、恐惧、忧郁、着迷。"①在师范教育、教师职前培训以及职业继续教育中，应该引导教师尽可能多地和学生接触，倾听学生的倾诉，理解学生的行为。有这样的一个故事，幼儿园的老师向班里一位小朋友的家长告状，说这位小朋友每天放学都会把学校里的布娃娃带回家，第二天上学再带回学校。老师自己已经教育批评了，希望家长能够配合。家长了解自己的孩子没有随手拿别人东西的习惯，回到家里之后，耐心地询问小朋友为什么要把学校的布娃娃带回家。结果小朋友回答，他害怕晚上布娃娃一个"人"在教室里睡觉会害怕，所以把布娃娃带回家和自己一起睡觉。儿童的同情心是多么的丰富啊，乃至对非人的玩具都具有同情心。但是如果老师缺乏倾听的耐心和足够的接触，儿童的同情心很容易被现代教育的纪律和管理扼杀掉。

最后，教育者可以创设适当的情境唤醒学生的同情心。教师可以通过引导学生欣赏影视作品，阅读文学典籍，鼓励学生发挥自己的想象力和理解力，甚至通过人物角色的扮演等方式帮助学生更好地拥有同情这一价值品格。

在面对一个真实的教育事件的时候，学生的第一反应一定

①　[加]范梅南：《教学机智——教育智慧的意蕴》，129 页，北京，教育科学出版社，2001。

是未加掩饰的和近乎本能的。这种时刻，作为教育者要真诚地、细致地引导学生感受自己心灵的活动，体味自己和他人的情感，在内心深处寻找我们最为坚定的价值信念。不要从一开始就使用理性的分析，因为分析一开始，情感体验就处于种种道德原则和文化传统的压迫之下，这些在学生内心深处最真实的声音就会被淹没或遮蔽。在培育源自主体的价值的时候，倾听这种内心深处真实的声音非常重要。

例如，一个学生跑步时摔伤了，结果遭到同学们的围观和嘲笑。教师会直接批评其他同学冷漠和缺乏同情心吗？我们很容易做出这样的判断，教育实践中也时常发生这样的行为。可是教师未必把握到了学生最直接的道德体验，这样的批评也未必能够让学生学会善良、同情和关怀。我们可以让学生们仔细回顾和反省，尤其是反省自己的内在感受：当你看到那位同学摔倒的一刹那、血流出来的瞬间，伤者痛苦的表情，你心里的第一反应是什么？是不是仿佛时间停顿了片刻？是不是心里首先掠过一丝震惊和不忍？是不是仿佛自己的身体也闪现出某种与伤者相似的不适感？这种最初的直观体验要先于因伤者笨拙或滑稽地摔倒而发出的嘲笑，更先于发生于群体中的围观和冷漠。最初闪现的情感体验是直观地、没有中介地被给予的，是原初的人性的表现；而嘲笑的行为要基于对所发生事件的理解（一个人因动作笨拙而摔倒是可笑的）；围观的行为更是一个社会性的行为，学生可能会被其他同学的行为感染，可能会从众，可能会在大家都不出手相助的时候袖手旁观而不是去搀扶受伤的同学……我们的价值教育对学生外在的表现行为可以实施观察和评价，但是对他们的直观道德体验关注得很不够，而这种最直接的感知是我们引导学生建立良好品质的可靠基础，是一切道德的开端，不要让它在没有受到关注和反思之前就从学生们的心中悄悄溜走。①

如果说同情心可以使人向善的话，那么羞耻心可以使人不作恶，对于"恶"或者违背社会风俗习惯与价值规范的行为感到羞耻。不同于同情心的不学而能，对于羞耻心而言，后天的教育发挥了非常重要的作用。师长经常会批评学生："你应该为此感到羞耻！""你难道不为此感到脸红吗？"这里的"此"便是羞耻的原因——对社会风俗习惯或者价值规范的违背。

舍勒认为，羞耻意味着违背社会风俗习惯或者价值规范时的"转回自我"。例如，为了从大火中救出自己的孩子，母亲全部的注意力都集中在救孩子身上，一般都是穿着睡觉的衣服或光着身子奋不顾身地抱着孩子冲出房屋。这个时候，母亲虽然违背社会风俗习惯——穿着睡觉的衣服或者光着身子出现在公共场所，但是母亲将自己全部的注意力集中在救自己的孩子身上，因此并不会感到害羞。然而，一旦孩子脱离危险，母亲注意力开始"转回自我"，便会产生羞耻感。一个非常害羞的女孩，当她作为"模特"赤身裸体地呈现在男画家面前，或作为"病人"赤裸裸地呈现在男医生面前，甚至作为"女主人"出现在

---

① 娄雨：《伦常明察与道德教育的奠基——舍勒价值现象学对道德教育的启示》，载《首都师范大学学报(社会科学版)》，2010(4)。

服侍其入浴的男仆人面前，虽然她赤身裸体地出现在异性面前，但她可以丝毫不感到害羞。只要她觉得自己是被作为对象化的"模特""病例""女主人"，这时她的全部注意力都集中在扮演好这些被对象化的角色身上，她觉得自己不是作为具有主体性"个体"存在的，而是作为一个被"对象化"的存在，没有"转回自我"，自然不会有羞耻感。但当画家不再将她视为"模特"，当医生不再将她视为"病人"，当仆人不再将她视为"女主人"，亦即当她感受到她不再作为"对象化"的角色存在（模特、病人、女主人），而是作为一个独一无二的富有生命力和个性的"个体"——一个女子存在时，"转回自我"便会发生，继而便会感到羞耻。在舍勒看来，任何羞耻感的产生都离不开"转回自我"，"转回自我"是羞耻感产生的"原动力"①。换句话说，羞耻感产生的前提是主体发现自己当前的行为与自己内心认可的价值标准之间存在着明显的差距，并且"转回自我"意识到这种差距的存在，这时候他便会不由自主地感到羞耻。

第一，应注意区分羞耻和羞辱。在幼儿园与小学教育中，应该把一些公认的价值规范教给学生。进入中学以后，当学生违背这些价值规范时，从培养羞耻心的角度出发，教师不应该马上批评犯错的学生，更不应该当众批评，否则就是羞辱学生，而不是在培养学生的羞耻心。然后，应该给学生足够的空间和时间，让学生意识到自己的行为违背了自己内心认可的价

---

① ［德］马克斯·舍勒：《论害羞与羞感》，见［德］马克斯·舍勒：《价值的颠覆》，164～282 页，北京，生活·读书·新知三联书店，1997。

值规范，意识到自己的错误。最后，教师要努力寻找学生在错误行为中所表现出来的优点和优良品格，表扬这些优良品格，促使学生意识到自己的主体性，进而"转回自身"，感到羞耻。

第二，要注意培养羞耻心的教育策略。陶行知先生"四颗糖"的故事很好地说明了培养羞耻心的教育策略。

一次，陶行知看到学生王友用泥块砸同学，当即制止，让他放学后到校长室。陶行知来到校长室，王友已等在门口准备挨训了。没想到陶行知却给了他一颗糖，并说："这是奖给你的，因为你很准时，我却迟到了。"王友惊疑地瞪大了眼睛。陶行知又掏出第二颗糖对王友说："这第二颗糖也是奖给你的，因为我不让你再打人时，你立即就停止了。"接着陶行知又掏出了第三颗糖："我调查过了，你砸的那些男生，是因为他们不遵守游戏规则，欺负女生；你砸他们，说明你很正直善良，且有跟坏人作斗争的勇气，应该奖励你啊！"王友感动极了，哭着说："陶校长，你打我两下吧！我错了，我砸的不是坏人，是自己的同学……"陶行知这时笑了，马上掏出第四颗糖："因为你正确地认识错误，我再奖励你一颗糖……我的糖分完了，我们的谈话也结束了。"①

---

① 郑文：《教育学生借鉴"四颗糖"的故事》，载《中国青年报》，2014-10-24。

这个故事一般理解成宽容的巨大力量，宽容在教育中的神奇运用。笔者认为，与其说这个故事体现了宽容的教育意义，不如说陶行知先生很好地利用上面提到的几点技巧培养了学生的羞耻心。第一，陶行知先生并没有立刻批评犯错误的学生，更没有当众批评，而是要求放学后到办公室。第二，从事情发生到放学前，学生有足够的时间来反思自己的错误行为。在办公室里，学生有比较私密的空间来反思自己的行为。第三，陶行知先生并没有立即指出学生所犯的错误，而是不断表扬和奖励学生在错误行为中所表现出来的优良品质，促使学生意识到自己的主体性存在，进而感到羞耻。所以故事最后学生"感动极了"。这种哭泣与其说是感动而产生的，不如说因为羞耻心而产生的。

二、主体间来源价值的教育：教化

与源自主体自身的本能价值不同的是，源自社会的价值是能够被教化和传授的。在《说文解字》中，"教"被解释为"上所施，下所效也"，"教化意味着把社会所认可的价值理念、道德规范赋予社会中的个体，并转化成社会所期望的个体内在品格。就社会层面而言，教化意味着社会主导价值理念、道德规范的确立，使之成为社会成员所认同的价值目标，使每个人融入其中，察受其中的价值类型和精神范式，成为社会成员共通的、习惯的行为模式、情感依托和价值根基"[1]。就个体层面而

① 刘铁芳：《生命与教化》，博士学位论文，湖南师范大学，2003。

言，教化总是指涉个体心灵的转变，"使人心与所教之事相融相洽，由此使心灵得以转变并被充实提升，即个体能认识到善（好）的价值的优越性，把它整合为自己的本质，从而，达到'从心所欲不逾矩'的'化'境"①。

在古希腊，"教化"（paideia）主要意味着"教并使习于所教"。德语"教化"（Bildung）一词产生于中世纪，原意是指人性通过不断的精神转变达到神性的完满。② 从文艺复兴到启蒙运动，教化一词也获得了丰富的人文意蕴。"人文主义"这个词本身的含义就是"为培养人类最高的东西做出努力"。③ 赫尔德明确地把教化一词定义为"达到人性的崇高教化"。"教化"的含义到黑格尔那里趋于完善，黑格尔认为，通过教化，人的自为存在、自我意识成为"普遍性的东西"，"个体的教化乃是实体本身的本质性环节，即是说，教化乃是实体的在思维中的普遍性向现实性的直接过渡，或者说，是实体的简单的灵魂，而借助于这个简单的灵魂，自在存在才得以成为被承认的东西，成为特定存在。因此，个体性的自身教化运动直接就是它向普遍的对象性本质的发展，也就是它向现实世界的转化"④。

人通过遗传获得其自然存在，获得其作为现实存在的可能性，但人是通过教化而获得他的现实自我，获得他在现实中作

① 詹世友：《论教化的三大原理》，载《南昌大学学报（社会科学版）》，2000（3）。
② 陈华兴：《教化和教化哲学》，载《复旦学报（社会科学版）》，1994（6）。
③ ［美］克莱斯·瑞恩：《异中求同：人的自我完善》，3 页，北京，北京大学出版社，2001。
④ ［德］黑格尔：《精神现象学》下卷，49 页，北京，商务印书馆，2017。

为人的存在的现实性。教化是一种人性的自我完善和人在现实社会中的实现。源自社会的价值的一个最重要的特征就是它对社会存在与发展的有用性。因此，我们可以认为所有源自社会的价值是为了社会更好地存续和发展而产生的，基本上都是经过集体理性协商或者在漫长的繁杂的社会生活中经过无数次的博弈达成的一种平衡或者共识。这些价值是历史得来的，而非与生俱来的。

广义的教化既包含学校教育层面的价值（观）教育，如上文提及的三种主要的价值观教育的模式：品格教育模式、价值澄清模式、"认知—发展"模式，也包含整个国家、社会层面的意识形态、新闻宣传、出版传媒和法律、制度等形式的规范，更包含文化层面的各种社会规范和社会准则（social norms）通过文化的形式内化到每个社会成员个体身上。

第四章

价值理性与价值秩序

价值秩序即是不同的价值之间的秩序和结构，价值秩序对于价值实践而言有着非常重要的意义。因为不同的价值并不是无条件地和谐统一的，因此，不同价值之间的冲突在一定程度上是不可避免的。而价值秩序正是解决价值冲突的一个重要途径，冲突的价值在价值秩序中处在不同的位置，具有不同的优先性，我们首先实践具有优先性、位置较高的价值，便能在一定程度上解决价值冲突。可以说，不同的价值秩序赋予不同价值以不同的地位和优先性，因此会对价值实践带来巨大的影响。

比如，孟子的"生，亦我所欲也，义，亦我所欲也，二者不可得兼，舍生而取义者也"，说的就是一种关于"义"和"生"这两种价值的价值秩序，在这里，"义"在秩序上高于或者说优先于"生"，因此在实践中如果二者出现矛盾只能选其一的话，孟子就认为应该"舍生取义"。

政治哲学中的左派认为"平等"是优先于"效率"的价值原

则，右派更加倾向于"效率"的价值优先于"平等"的价值。如果"平等"和"效率"在实践中出现矛盾不可协调，只能优先实践其中某一项价值的时候，左派的选择是"平等"，右派则选择"效率"。当然，右派可以通过税收调节、社会保障等方式在一定程度上实现公正和平等，帮助社会弱势群体，左派可以通过特定的政策来刺激经济发展，提高效率，促进自由，但是这些后果补救性的技术措施，并不能改变在实践中不同的社群、不同的利益集团的人之间的确存在着不同的价值优先性，也就是不同的价值秩序。

可以说，对于价值实践而言，价值秩序的影响是非常巨大的。正确的、理性的价值秩序会帮助实践朝着长远可持续的方向发展，错误的、未经反思的价值秩序可能会导致非常严重的灾难性后果。因此，对于价值秩序的研究可以说有着非常重要的理论与实践意义。

第一节　价值秩序的传统立场

学术界一直不乏对于价值秩序的研究。德国哲学家马克斯·舍勒（Max Scheler）就是价值秩序研究方面的一位先驱和代表。舍勒认为价值可以分为四种。第一种是感官价值，即是反映适意性与不适意性的价值，对应的是人的感官感受的舒适感和不舒适感。第二种是生命价值，反映高贵和粗俗的价值，是在整体的生命感受中被给予的。第三种是精神价值，精神价值是在精神感受中被给予的。精神价值主要有三种：真与假、对与错、美与丑。其中真、对、美是肯定方向，假、错、丑是否定方向。第四种是神圣价值，是在神圣感受和宗教感受中被给予的，肯定方向是神圣，否定方向是非神圣。①

　　这四种价值之间存在着后者优先于前者的价值秩序，也就是神圣价值优先于精神价值，精神价值优先于生命价值，生命价值优先于感官价值。俗话说"活着不是为了吃饭，吃饭是为了活着"，这句话所内含的价值秩序和舍勒对于价值秩序的理解是十分一致的。"吃饭"（舍勒思想中的感官价值）是为了"活着"（舍勒思想中的生命价值），吃饭这种感官价值只有为实现更高级生命价值的时候，它的意义才能被体现出来。也就是说，舍勒价值秩序理论的第一点可以概括成，低层次的价值只有为高层次的价值服务的时候，自身的价值才能显现出来，反之这种价值秩序则是颠倒的。另外，舍勒的价值秩序理论还有一个内涵就是为了实现高层次的价值可以放弃甚至丧失低层次的价值，比如儒家传统所提倡的君子应该"舍生取义"，就是为了"义"（实现精神价值）而放弃"生"（放弃生命价值），从常人的眼光来看，牺牲自己和他人的生命太过于残忍，但是从舍勒的价值秩序理论来看，为了实现"义"（精神的价值）而放弃"生"（生命价值），为了信仰的要求（实现神圣价值）而放弃自己儿子的生命（生命价值），这些行为是正当的，都满足了价值秩序的

① ［德］马克斯·舍勒：《伦理学中的形式主义与质料的价值伦理学》，707 页，北京，生活·读书·新知三联书店，2004。

内在要求。简单地说，舍勒认为存在着"感官价值—生命价值—精神价值—神圣价值"的价值秩序，可以通过牺牲低级的价值来实现更高级的价值，比如为了健康而戒烟，就是为了实现生命价值（健康）而放弃感官价值（吸烟带来的快感）。革命先烈们为了实现自己的革命理想而抛头颅、洒热血便是为了自己的理想（精神价值）而放弃生命（生命价值）。人类在现实社会生活中会肯定这种为了实现更高级的价值而放弃或者牺牲低级价值的行为。

舍勒的价值秩序理论对我们的价值教育和价值实践有着积极的启示。不同类型的价值应该用不同的方式教给学生，不同类型的价值在实践中出现的冲突也可以根据价值秩序中高层次的价值优先于低层次的价值的原则在理论上得到解决。但是在承认舍勒价值秩序理论巨大理论价值的同时，我们也发现舍勒的价值秩序理论还存在没有说明的地方，比如：同一层次的价值（如精神价值）之间如果发生冲突又该如何解决呢？

中国传统社会有所谓的"忠孝不能两全"，"忠""孝"之间的价值矛盾，保卫祖国不受外敌入侵和照顾年迈的母亲的"萨特式的价值两难"，选择拯救自己哪一个孩子的"苏菲式的价值两难"在现实社会也是普遍存在着的，可见同一层次的价值之间并不存在天然的和谐、统一，尤其是精神价值领域的诸多价值在实践中更是存在着许多冲突和矛盾。

纵观世界范围内的价值教育，虽然不同国家和地区，不同民族文化传统在实施价值教育时都有自己不同的侧重点，但是价值教育中所关注的价值大多集中在精神价值的层面。比如美国 20 世纪 70—80 年代的价值教育表现为公民教育，即培养好公民。90 年代掀起品格教育运动，它假定有一套普遍的价值观和行为准则（坚毅、尊重、诚实、勤奋、好公民等）值得在教育中推行。美国教育家诺丁斯和马丁倡导关心、尊重生命、爱等价值内容。① 德国在教育的不同阶段设有不同价值目标，在初等教育中提倡民主精神，爱国、爱人民的品格，有责任感，在主体中学中提倡宽容、尊重、责任，在实科中学中提倡独立、责任、合作，在完全中学中提倡责任、独立自主、合作、团结。② 澳大利亚学校价值教育计划（2004—2008）倡导 12 种价值品质：关心与同情、自由、责任、正直、尽心尽力、尊重、公正、理解、宽容、包容、诚实、值得信赖。③ 1993 年发轫于英国西基德灵顿小学的英国价值教育联盟总结出 22 种积极的价值品质：感恩、关怀、合作、勇气、自由、友谊、幸福、诚实、信心、谦逊、友爱、耐心、平和、品质、尊重、责任、简朴、体贴、宽容、信任、理解、团结。④ 联合国"生活价值教育计划"倡导 12 项核心价值品质：合作、自由、快乐、诚实、谦虚、爱心、和平、尊重、责任、简朴、包容、团结。⑤

　　大多数国家和地区提倡的价值教育中的价值都集中在精神

---

　　① 吴亚林：《当代英国价值教育评介》，载《咸宁学院学报》，2009(1)。

　　② 李其龙：《德国高中规模发展的理论与实践》，载《全球教育展望》，2006(2)。

　　③ 王占魁：《澳大利亚学校价值教育的国家框架及其实施》，载《教育发展研究》，2009(6)。

　　④ 高政：《英国价值教育概况与对中国的启示》，载《比较教育研究》，2011(11)。

　　⑤ 李方：《生活价值教育中的永恒价值》，载《北京教育学院学报》，2003(2)。

价值层面。这些价值之间存在某种理想的价值秩序吗？舍勒对此并未提及，在舍勒所处的时代，可能这些精神层面的诸多价值之间并未出现明显的不和谐或不协调，随着不同民族和国家之间的交流和接触越来越频繁，这些精神价值之间的矛盾便日益凸显出来。

第二节　价值秩序的价值理性立场

一、不同来源价值间的价值秩序

一般认为，人类的发展经历了从自然状态到共同体状态再到社会状态的变化。那么，相应地，价值产生的顺序便应该是自然状态下主体的价值首先产生，共同体状态下源自主体间（社会）的价值其次产生，进入文明社会后源自权威①的价值产生。因此，在产生的时间上，主体来源的价值便早于社会来源的价值，源自社会的价值又早于源自权威的价值。

除此以外，源自主体的价值是情感性的，经常没有任何理由便会发生，有了理由也可能根本就无法阻止。所谓情不自禁，就是指我们常常无法通过理性来控制和阻止同情、爱情、羞耻、母爱、敬畏这类情感的油然而生。因为这些价值是源自主体自身的，所以他们较少受到历史、文化和民族的变化的影响，以一种较为稳定的、实能或者潜能的方式恒久地存在于主

———————

① 在原始社会人类处于共同体或自然状态时，人类会有一些如"图腾""禁忌"等权威，但是这些权威更多是给当时的人类一些心灵的慰藉而不是价值的指导。

体身上。母亲对子女的爱，对于处于悲惨和困难情境中的人乃至动物的同情，这些价值基本上不会因为历史的改变而改变，不会因为时代的变迁而变迁。源自主体间（社会）的价值则是经过主体深思熟虑、理性反思得来的、后天习得的、社会约定的。因为是后天约定的和习得的，所以这些价值会随着历史、文化和民族的改变而改变。

贞节牌坊在封建社会曾经被视为女性道德的标志，寡妇为亡夫守寡、保持贞操在封建时代也被认为是符合当时特定道德规范的，并被大力鼓励提倡。但是用现代社会的眼光再审视这种源自社会规定的价值规范的话，很少有人不会觉得这是对人性的一种压抑和摧残，很少有人会觉得守寡是一种道德上的荣耀。改革开放初期，有些城市的年轻人开始穿牛仔裤、喇叭裤、高跟鞋、烫头发的时候，就被当作道德堕落的表现而遭受批判，今天很少有人再将服装、发型与道德联系起来。李谷一在 20 世纪 80 年代要用"气声"唱通俗歌曲时，也受到舆论以道德名义施加的压力，今天如果有谁再把唱歌发声的方法和道德联系到一起难免让人笑掉大牙。在一个时代被认为是价值上值得提倡和推崇的事情，在另外一个时代可能会受到批判和抵制。源自社会的价值总是根据社会历史文化的变化而不断变化。因此，我们可以认为源自主体的价值在稳定性上高于源自社会的价值。

英国哲学家休谟认为，美德可以区分为自然的美德和人为的美德，属于"自然的美德"的移情和仁慈是源自人类天性的、最原始的情感，是人们形成美德的心理基础和自然前提，相对地，为了"应付人类环境和需要所采用的人为措施或设计"，是一种后天的、人为的补救。① 卢梭将同情心视为道德的基础，他还把社会性的正义或公正看作是派生的，卢梭甚至认为自然法的一切规则"能从(自爱与怜悯这两个原动力)中产生出来"②。儒家有"爱生于性，亲生于爱，中生于亲"③之说，认为"中"(通"忠")这一社会道德产生于出自主体天性自然美德的"爱"。孟子将恻隐之心、羞恶之心等人皆有之的、先天具有的价值品格作为道德的基础。因此，我们可以认为主体来源的价值要比源自社会的价值更为根本和基础。

二、主体间诸价值的价值秩序

上面对不同来源之间的价值进行的探讨在一定程度上会有助于我们在实践中更好地处理和解决价值冲突问题。但是我们也发现，这种依据来源对价值秩序的设定还存在有待进一步完善之处，那就是，主体间来源的诸多价值之间就可能存在着冲突。

美国著名政治哲学家约翰·罗尔斯曾提到自法国资产阶级革命以来西方社会奉为圭臬的"自由、平等、博爱"这三个价值之间便存在不可调和的矛盾，对自由和平等的不同的侧重，基本上构成了西方民主政治中的左翼和右翼。在《正义论》中，罗

---

① ［英］休谟：《人性论》下册，517 页，北京，商务印书馆，1980。

② 倪梁康：《心的秩序：一种现象学心学研究的可能性》，71 页，南京，江苏人民出版社，2010。

③ 荆门市博物馆：《郭店楚墓竹简》，204 页，北京，文物出版社，1998。

尔斯提到：

> 要彻底保障个人自由，保障每个人的言论、思想
> 和参政自由，拥有财产和积聚财富的自由，就可能由
> 于人们天赋和出身方面的差别而导致有时是很悬殊的
> 不平等，而如果要大力推行具有平等主义倾向的政
> 策，通过税收等各种手段来缩小财富和权力等方面的
> 差距，就有可能导致政府对个人自由和经济活动的严
> 重干预。正是在这些问题上美国国内形成了两派，右
> 派或者说彻底的自由主义者主张个人的自由权利神圣
> 不可侵犯，左派或者说平等主义者主张只有平等、公
> 平才符合社会正义的理想。①

那么，同样是源自社会文化的价值，它们之间存在什么样
的秩序呢？

英国著名政治哲学家以赛亚·柏林曾提到，在现代社会想
以一种最高价值统摄其他价值进而建立一种各价值之间和谐相
处的价值秩序的想法只不过是一种乌托邦式的幻想。② 这就提
示我们无法在源自社会的诸多价值之间建立一个以最高价值为
统摄的和谐的价值秩序。由于现代社会的社会结构的公共化转
型，从传统的社群和社区向现代社会转型，社会利益群体日益

---

① ［美］罗尔斯：《正义论》，25 页，北京，中国社会科学出版社，1988。
② ［英］伯林：《自由论》，35 页，南京，译林出版社，2011。

多元分化，社会价值观念也日益多元化，注定了我们不可能像传统时代那样建立起一个以宗教权威或者世俗权威为最高价值的价值秩序。现代社会的价值世界注定是一个"诸神喧嚣"的世界，在这个"诸神喧嚣"的价值世界中，与其费力不讨好地建立一个既不可能又无必要的以某一最高价值为统摄的价值秩序，不如为诸多并不相容的价值之间找到一个不同社会利益和价值观念群体都能接受的价值底线，允许社会生活中的个体在这个共同的价值底线的基础之上追求自己认可的价值，建构自己的价值秩序。在柏林看来，自由（更确切地讲是"消极自由"）就是所有价值的底线，即个体在追求和实践自己的价值目标时不能影响他者的自由，不能损害他者的正当权益。

上面提到的不同国家和不同组织在价值教育的实践中所列举出的诸多价值原则，尽管由于自身文化传统和社会制度等原因导致不同国家在价值教育实践中提倡的价值原则有所不同，各自有着自己不同的侧重点，但是"自由"和"关怀"（爱，关心与同情，爱心）这两个价值原则却是它们共同提倡的。

现代汉语里，"自由"一词最早是由著名翻译家严复先生在20世纪初翻译英国自由主义哲学家约翰·密尔的《论自由》（*On Liberty*）时创造的，自由一词在汉语中最早出自唐朝柳宗元诗《酬曹侍御过象县见寄》："破额山前碧玉流，骚人邀驻木兰舟。春风无限潇湘意，欲采苹花不自由。"此处的"不自由"应该是"不由自"的倒装，由于否定副词"不"字前提，该句话的宾语和谓语位置对调进行宾语和谓语的倒装，这是古汉语中一种非常常见的语法现象。"不由自"就是"不能由着自己的意志来做事，行动受到束缚和制约"。笔者理解，自由在汉语中最初的含义应该包含"在法律规定的限度之内，由着自己的意志而不受束缚的行动"①之意。

现代英语中，有两个单词与今天汉语中的"自由"相对应，一个是 liberty，另一个是 freedom。但是正如哈耶克所言："'freedom'和'liberty'这两个词是最严重的受害者。它们被人滥用，它们的意义被扭曲，以至于可以说，只要不给其具体的内容，它便没有任何意义，而稍一引申它便会具有你喜欢的任何一种内容。"②可见自由概念在理论和实践中的严重混乱。基于此，我们有必要对英语语境下的自由概念进行基本的梳理和界定，为后续的研究以及价值教育的实践奠定基础。从词源上看，liberty 的拉丁文词根 liber，指"没有担任任何社会职务、赋闲在家的人，或者没有任何障碍、羁绊或负担的行为状态"③。freedom 起源于古希腊语 prays，其意为"免于外部控制的依赖或屈从"④。可以认为自由的两个名词事实上表达了两种自由观，liberty 表达了一种类似于以赛亚·柏林提出的"积极自由"的概念，即"有做自己想做之事的自由"，freedom 表达了一种类似于以赛亚·柏林提出的"消极自由"的概念，即"免于

①　参见刘正埮、高名凯、麦永乾、史有为：《汉语外来词词典》，410 页，上海，上海辞书出版社，1984。
②　[英]哈耶克：《自由宪章》，21 页，北京，中国社会科学出版社，1999。
③　转引自石中英：《教育哲学》，233 页，北京，北京师范大学出版社，2007。
④　转引自石中英：《教育哲学》，234 页，北京，北京师范大学出版社，2007。

强制和被迫做某事的自由"。

英国自由主义哲学家约翰·密尔在《论自由》里开宗明义地提到:"这篇论文的主题不是所谓意志自由,不是这个与那被误称为哲学必然性的教义不幸相反的东西。这里所要讨论的乃是公民自由或称社会自由,也就是要探讨社会所能合法施用于个人的权力的性质和限度。"①密尔将自由概念限定在现实的社会生活领域,是公民自由或称社会自由,是"社会所能合法施用于个人的权力的性质和限度",而非哲学上和规律、必然性相对应的意志自由。严复先生当年在翻译《论自由》时,把书名译为《群己权界论》,实在是十分精准地把握了密尔思想的主旨。密尔认为:

> 个人的行为只要不涉及到他人的利害,个人就有完全的行动自由,不必向社会负责。他人对于这个人的行为不得干涉,至多可以进行忠告、规劝或避而不理。
>
> 任何人的行为,只有涉及到他人的那部分才须对社会负责。在仅只涉及本人的那部分,他的独立性在权利上则是绝对的。对于本人自己,对于他自己的身和心,个人乃是最高主权者。②

---

① [英]约翰·密尔:《论自由》,1页,南京,译林出版社,2010。
② [英]约翰·密尔:《论自由》,10页,南京,译林出版社,2010。

密尔将个体视为不涉及他人利害情况下个人的最高主权者，并认为真正的自由乃是"按照我们自己的道路去追求我们自己的好处的自由，只要我们不试图去剥夺他人的这种自由，不试图阻碍他们去获得这种自由的努力"①。"人类若彼此容忍，各照自己所认为好的样子去生活，比强迫每人都照其余的人们所认为好的样子去生活，所获是要较多的。"②密尔的自由思想可以概括为两条原则。第一，个人的行为只要不涉及他人的利害，个人就有完全的行动自由，不必向社会负责；他人对于这个人的行为不得干涉，至多可以进行忠告、规劝或避而不理。第二，只有当个人的行为危害到他人利益时，个人才应当接受社会的或法律的惩罚。社会只有在这个时候，才对个人的行为有裁判权，也才能对个人施加强制力量。作为功利主义思想的代表人物，密尔从功利的角度对自由的重要性和必要性进行了较为彻底的论述，在思想史上有重要地位。

密尔之后，英国另一位非常著名的自由主义学者哈耶克认为：

> 自由是不受他人武断意志的支配，在这种状态下，社会中他人的强制尽可能地减到最小限度。一种自由政策尽管不能完全消灭强制及其恶果，但应该尽量将之缩小到最低限度。我们可能是自由的，但同时可能

---

① ［英］约翰·密尔：《论自由》，13页，南京，译林出版社，2010。
② ［英］约翰·密尔：《论自由》，13页，南京，译林出版社，2010。

是可怜的。自由并不意味着事事皆好或没有坏事。自由的确可能意味着忍受饥饿、铸成大错或舍命冒险。①

在哈耶克看来,自由可能并不必然带来功利上的积极效果,但是因为市场经济和社会公共生活中"理性"的限度,自由对于一个良好社会而言却是不可或缺的。哈耶克认为:"主张个人自由的论据是承认自己对决定我们是否能够实现目标、获取福利的许多因素都具有不可避免的无知。"②

继密尔和哈耶克对自由的重要性和必要性进行不同路径的论证之后,以赛亚·柏林将关于自由的研究推向了新的阶段。柏林在 20 世纪 50 年代提出将自由区分为"消极自由"与"积极自由",他认为,"消极自由"是"免于强制和干涉的自由","积极自由"是"做……的自由"③。在柏林看来,"消极自由"是更为真实的自由,消极自由保障了现代社会公民免于被外界强制做自己不愿意做的事情,使个体能够在不影响他者自由和社会规范的限度之内追求自己想要的生活和幸福,现代社会应该提倡和保障这种底线的自由。相比而言,"做……的自由",即"积极自由"的实践很容易会影响他人的自由,可能会损害他人的正当权益,在实践中也经常遭到滥用,"有时只不过是残酷暴政的华丽伪装而已"。因此,相对于"积极自由"而言,"消极自

① [英]哈耶克:《自由宪章》,104 页,北京,中国社会科学出版社,1999。
② [英]哈耶克:《自由宪章》,104 页,北京,中国社会科学出版社,1999。
③ [英]以赛亚·伯林:《两种自由概念》,78 页,台北,台湾联经出版公司,1987。

由"是现代社会更为根本也更值得提倡的一项底线的基本价值原则。

基于以上关于自由的分析，我们可以认为，作为一种社会生活领域的基本价值原则，自由主要的内涵是，个体在不对他人的正当权益造成不利影响的情况下，在追求自己目标时不应受到社会和他者的强制与束缚。

相对于自由而言，关怀的内涵比较好理解，一般是指处在优势地位或者能力较强的个体、集体对于处境相对不利的或者能力相对较弱的个体、集体的关心、爱护、帮助和照顾。比如父母对子女的关怀、领导对下属的关怀、有能力的人对社会弱势群体的关怀、教师对学习处境不利学生的关怀等都表达了这层的含义。

综合"自由"和"关怀"这两个价值的内涵，我们发现这两个价值原则的综合和今天政治哲学领域所提倡和研究的"正义"的内涵几乎是完全一致的。今天不同社会和国家之间存在着意识形态、文化传统和社会制度等方面的差异，存在着价值的多元，但是将正义(保障社会成员的基本自由和关怀社会弱势群体)视为社会生活领域价值的底线却受到了普遍的认可。正如罗尔斯所言："正义是社会制度的第一美德，如同真理之为思想的第一美德。一种理论，无论多么雄辩和精致，若不真实，就必须加以拒绝或者修正；同样，法律和制度，无论多么行之有效和治之有序，只要它们不正义，就必须加以改革或者废除。"①罗尔斯把正义视为社会的首要美德。诚然，正义是一个十分复杂的概念，但是无论何种理论流派的正义概念中都包含着对全体社会成员最重要的权利——自由——的保护和对社会处境不利群体的帮助和照顾。

罗尔斯认为"每个人都拥有一种基于正义的不可侵犯性，这种不可侵犯性即使以社会整体利益之名也不能逾越。出于这种理由，正义否认以下行为的正当性，即为了使另一些人分享更大的利益而牺牲一些人的自由。② 正义不允许以多数人分享较大好处之名而把牺牲强加于少数人身上。因此，在一个正义的社会里，平等的公民自由确定不移；由正义所确保的权利不容做政治交易或社会利益算计。"③这里罗尔斯旗帜鲜明地反对功利论的伦理主张，并将正义规定为两个原则的实现。"(1)每个人都享有同样的、对所有人都是适用的不可剥夺的基本自由，并且这种自由与下面完全相容。(2)社会的和经济的不平等必须满足两个条件：首先，它们必须在机会公平平等的条件下向所有人开放职位和地位；其次，它们必须最有利于社会中那些最少受益的成员(差异原则)。"④

在《正义论》中，罗尔斯进一步阐发两个正义原则：

---

① ［美］罗尔斯：《正义论》，3 页，北京，中国社会科学出版社，1988。

② 功利主义者认为为了大多数人的最大幸福而牺牲小部分人的利益是正当、合理的。

③ ［美］罗尔斯：《正义论》，3 页，北京，中国社会科学出版社，1988。

④ John Rawls, *Justice as Fairness*, Cambridge, Harvard University Press, 2001, pp. 42-43.

　　第一个原则：每个人与所有人所拥有的最广泛平等的基本自由体系相容的类似自由体系都应有一种平等的权利。第二个原则：社会的和经济的不平等应这样安排，使它们：(1)在与正义的储存原则一致的情况下，适合于最少受惠者的最大利益；并且(2)依系于在机会公平平等的条件下职务和地位向所有人开放。①

　　可见，罗尔斯将正义理解为对自由的保护（平等自由原则）、对弱者的关怀（差异原则）以及机会对所有社会成员的开放（机会的公正平等原则）。在罗尔斯的辞典式的序列里，平等自由原则优先于差异原则，平等自由原则和差异原则又优先于机会的公正平等原则。因此，我们可以认为罗尔斯将"自由"和"关怀"看作正义的两个最主要也是最为基础的内涵。

　　笔者赞同罗尔斯关于正义对于社会的作用的论述，认为在所有源自社会的价值中，正义是最重要的价值之一，也是所有价值的底线。认为正义是社会价值的底线，基于以下两点考虑。第一，民主、尊重、效率、宽容等源自社会的价值，缺乏其中的一个或者几个并不会导致社会的解体或者大规模的社会动荡，但是如果缺乏基本的正义的话，将很有可能导致大规模的社会动荡与冲突，甚至社会解体。整个人类社会的发展史，

———————————

① ［美］罗尔斯：《正义论》，292页，北京，中国社会科学出版社，1988。

从奴隶社会、封建社会到资本主义社会和社会主义社会，可以看作是一部正义在社会中不断发育成长的历史，可以看作是一部因为正义的缺乏而不断更迭替换的历史，可以看作是由不够正义走向更加正义的历史。第二，功利主义者（如边沁、密尔和葛德文等人）视效率为社会的第一价值，认为高效率地创造社会财富，满足"最大多数人的最大幸福"才是社会的首要价值目标，为达此目标即便牺牲和损害一小部分人的正当权益（正义）也未尝不可，最终由于高效率生产创造的社会物质财富的极大丰富，所有社会成员的需求都会得到满足。但是社会实践的历史证明了这不过是功利主义者的一厢情愿的幻想，按照马克思的说法，在资本的逻辑下市场中总是充满"大鱼吃小鱼"、相互竞争、相互倾轧的行为，即使社会财富的这块"蛋糕"做得再大再好，如果没有正义的社会分配制度，实际的社会分配情况很可能是一小部分人或者少数人获得大到吃不完的"蛋糕"，而另一部分人甚至是绝大多数人却无法获得满足基本生活需求的"蛋糕"。"如果把个人运用和实现机会的能力（阿玛蒂亚·森）、原始资本的不平等占有（马克思）和某些市场的或社会的偶发因素（如天灾人祸）考虑进来，那么仅仅注重社会价值生产的社会发展策略及其单纯的价值目的论思维理路的局限性就更加明显了。"[1]

因此，笔者认为，在所有源自社会的价值实践与价值冲突

---

[1]　万俊人：《论正义之为社会制度的第一美德》，载《哲学研究》，2009(2)。

中，都必须要以正义价值为前提，任何违背正义的价值在实践中都必须让位于正义。正义是所有源自社会的价值实践的底线，正义价值的坚守是所有源自社会的价值冲突的解决的前提。在不违背正义的前提下，社会生活领域的价值冲突在一定程度上是不可避免的，但是并不会带来严重的后果（造成社会的解体）。在不违背正义的前提下，社会生活领域的价值冲突的主体之间可以根据理性的对话、平等的协商、真诚的交流来达成价值共识，或者最少达成价值共识的底线，也就是正义。诚然，现代社会的价值共识越来越倾向于一种底线型的价值共识，在不违背正义的前提下，社会生活中的个体有权利根据自己的个人偏好、兴趣和利益，依据各自的生活经验、社会生活中流行的价值信念以及诉诸价值权威的价值等方式来选择自己的价值，而不会对整个社会或者其他社会成员造成不利的影响。

第五章

价值理性与价值判断

价值判断(value judgement)即关于价值的判断,是指某一特定的主体对特定的客体有无价值、有什么价值、有多大价值的判断。更直白地说,就是人们对各种社会现象、问题,往往会做出好与坏或应该与否的判断。由于这种判断与人们的价值观(价值标准)直接发生关系,所以被称为价值判断。

价值判断在价值领域有着非常重要的基础性地位,任何价值选择和价值实践都必须以价值判断为前提,可以说,在现实世界中没有不包含价值判断的(价值)实践,并且价值判断在一定程度上决定社会实践和个体行动的"价值"。

正确的价值判断是良好社会实践的基础,建立在错误价值判断基础之上的价值实践是不可能很好地开展的。好比医生对病人病情的正确判断是治愈病人的基础,建立在医生对病人病情错误判断之上的治疗是不可能有效的。因此如何做出正确的价值判断一直是理论界关注的热点。在教育中,培养学生在现代社会纷繁复杂的环境下做出合理、正确的价值判断也是(价值)教育的一个重要组成部分和实践目标。批判教育学所提倡的批判性思维在一定程度上可以被视为旨在培养学生做出批判性的价值判断,多元文化教育的目标也可以被认为是培养多元文化背景下的学生面对多元文化如何做出正确的价值判断。

学术界不乏对价值判断问题的相关研究。本章将在分析学术界已有研究成果以及日常生活中人们对价值判断的传统做法的基础之上,提出价值理性视野下做价值判断的一些基本原则和方法。

第一节 价值判断的传统立场

有人认为,"在人类的一切智能活动里,没有比做价值判断更简单的事了。假如你是只公兔子,就有做出价值判断的能力——大灰狼坏,母兔子好;然而兔子就不知道九九表。此种事实说明,一些缺乏其他能力的人,为什么特别热爱价值的领域。倘若对自己做价值判断,还要付出一些代价;对别人做价值判断,那就太简单、太舒服了"[1]。的确,相对而言,做出价值判断本身是非常容易的。但是并不一定所有的价值判断都是合理、正确的,做出正确的、合理的价值判断其实并不简单。

在哲学领域,20世纪初,逻辑实证主义学者、英国哲学家艾耶尔在其代表作《语言、真理与逻辑》一书中认为价值判断不

---

[1] 王小波:《王小波全集》第一卷,19页,昆明,云南人民出版社,2006。

存在任何普遍性的标准。直觉不是价值判断的标准，情感不是
价值判断的标准，经验也不是价值判断的标准，没有任何东西
可以作为价值判断的标准。艾耶尔认为我们没有也不可能有任
何一个标准去证明我们的价值信念体系是更优越的，更不可能
证明他人和我们不同的价值信念体系是不正确的。因此，我们
只能根据我们自己的情感，按照这种毫无理性和充分理由的情
感，去称赞或责备价值原则。艾耶尔直截了当地说，当我们处
理不同于事实问题的价值问题时，当我们理屈词穷、论证无法
进行时，最后"我们只得乞助于谩骂"。①

第二节　价值判断的价值理性立场

笔者认为，相对于事实判断而言，价值判断在客观性和可
证实性等方面的确要差一些，与客观的事实判断相比，价值判
断掺入了判断主体比较主观的价值标准。但是，艾耶尔完全否
认价值判断客观性的存在、割裂价值判断与事实判断关系的观
点太过于极端。理性地看，在价值判断标准方面，笔者认为不
同的文化之间事实上存在着一些共同价值，比如满足人类的正
当性需求，有助于实现特定的正当目标，促进人类社会的可持
续发展等。在价值判断和事实判断的关系方面，笔者认为所有
的价值判断都是一种对象性的判断，而关于对象信息的获取，

① ［英］艾耶尔：《语言、真理与逻辑》，116～130 页，上海，上海译文出版社，1981。

即关于对象的事实判断可以说是价值判断的前提条件之一。缺乏正确的事实判断，价值判断是不可能正确的。《西游记》中的唐僧屡次被妖怪幻化的人物所蒙骗，是因为缺乏孙悟空"火眼金睛"般事实判断的能力，以为孙悟空背着自己做坏事，所以即便他仁慈为怀、普度众生、爱憎分明，却依然经常做出助"妖"为虐的错误价值判断，好几次差点让自己丧命。

缺乏正当的价值标准，事实判断全面正确也无济于事。可以说，对于一个正确合理的价值判断而言，正确的事实判断与正当的价值标准都是必不可少的。

通过以上的分析我们不难发现，做出正确、合理的价值判断，价值判断主体的价值标准是否公允与价值判断主体对判断对象的事实判断是否正确是两个前提性条件。

一、正确的事实判断

主体对他者的任何一个思想、言语或者行为的了解都依赖信息的获取。而现代社会中，受意识形态、大众传媒、消费社会以及文化传统的影响，信息在传递的过程中不可避免地要受到很多影响和扭曲，很多信息甚至会严重失真。如果以失真的信息为基础，以虚假的事实判断为基础做价值判断的话，我们的价值判断很可能难以正确、合理。

今天，表面上看起来我们拥有了海量的、丰富多彩的、迅捷的信息，但是这些信息很可能是经过筛选了的信息，很可能是受到大众传媒的偏见和社会意识形态影响的。我们获取信息的主要途径就是大众传媒，而由于现代大众传媒的市场逻辑，我们通过传媒所看到的往往都是新奇的、刺激的、隐私的等能够满足我们潜在欲望的信息。信息经过各种因素的重重筛选之后，进入我们大脑的可能和本来面目相去甚远。

第一，政治因素的影响。

美国当代著名传播学家沃尔特·李普曼认为，在现代社会中，人们生活在一个信息爆炸的世界，由于人们实际活动的范围受到客观条件的限制，精力和注意力有限，不可能对与自己有关的整个外部环境和时刻都在发生的众多事件保持直接的经验性接触，对自己无法亲身感知的事物，人们只能依赖各种媒体去了解和认知。媒体由于受到国家检查制度、官方保密制度、媒体自身的价值观、市场对于新闻的价值取向以及文化传统等因素的影响，由媒体报道的事件和事件的本来面目会有很大出入。李普曼研究了自 1917 年俄国十月革命以后美国《纽约时报》等主流权威媒体有关苏俄、苏联的新闻报道（在当时的美国，这是最权威可靠的信息来源，大量学术研究也以此为素材）。通过研究，李普曼发现："有关俄国情况不是实际发生的新闻，而是人们期望看到的新闻。"①换句话说，当时美国主流媒体对苏维埃的报道是选择性的，有的甚至是道听途说、扭曲事实。李普曼提出，"我们在看到这个世界之前就被告知它是

---

① ［美］罗纳德·斯蒂尔：《李普曼传》，264 页，北京，新华出版社，1982。

什么模样。我们在亲身经历之前就可以对绝大多数事物进行想象"①。人们经常戴着有色眼镜去观察周围的世界，人们看到的东西往往是他们期待看到的。这些先入之见在亲历事实之前已经对人产生影响，"它在我们所意识到的信息尚未经过我们思考之前就把某种性质强加给这些信息"②，我们不是先看到事物，然后给它们下定义，而是先下定义然后再去看它们③。人们一般是根据自己既往的经验去判断事物，这种既往的经验很可能成为一种偏见和成见。"成见系统一旦完全固定下来，我们的注意力就会受到支持这一系统的事实的吸引，对于和它相抵触的事实则会视而不见。"④

第二，媒体自身因素的影响。

除了政治因素的影响以外，在报道新闻事件的时候，媒体自身的因素也会影响新闻报道的真实性，主要表现在以下两个方面。

其一，刊播偏见报道误导受众。偏见报道，指的是那些违反客观公正原则，带有明显偏见的新闻报道。媒体或是不顾客观事实，进行新闻炒作，添油加醋地把一些并不具有新闻价值的事实炒成热点新闻，追求所谓的轰动效应；或是仅凭道听途说，捕风捉影，任意编造新闻，甚至直接捏造新闻事实，以轰

---

① ［美］沃尔特·李普曼：《公众舆论》，73页，上海，上海人民出版社，2006。
② ［美］沃尔特·李普曼：《公众舆论》，80页，上海，上海人民出版社，2006。
③ ［美］沃尔特·李普曼：《公众舆论》，67页，上海，上海人民出版社，2006。
④ ［美］沃尔特·李普曼：《公众舆论》，96页，上海，上海人民出版社，2006。

动、刺激等效应来吸引受众。媒体或者受利益驱使，故意发表有失公允的言论，或者不负责任地主观臆断，对客观事实进行歪曲报道。虚假新闻被人随心所欲地炮制出来，又轻而易举地通过传媒向受众传播。[①]

其二，刊播"有偿新闻"侵扰受众。"有偿新闻"，是指新闻传媒及其从业者利用其传播权力，向要求刊播新闻者索取钱财而刊播的新闻，更有大量商业机构出于自身利益的考量主动通过金钱的方式和媒体交换资源。媒体把新闻刊播权作为一种用金钱自由交换和让渡的权力，谁给钱，就可以为谁刊播"新闻"。用金钱换来的新闻刊播权，使得原本应本质纯洁的新闻，走了形，变了质，它既助长了新闻界的不良风气，腐蚀了新闻从业人员，也败坏了新闻传媒的社会形象。[②]

媒体自身的价值观和媒体人自身对问题的理解方式，对于新闻报道市场反应的考量都无时无刻不在影响着媒体报道的客观真实性，都制约着媒体制造出来的"象征性现实"到底与真实的客观现实的差距有多大。

当然，人们的价值观念和媒体的"象征性现实"之间存在着一种互动的影响。很难清楚到底是人们的价值偏见导致了媒体对事实的歪曲，还是媒体导致了人们的价值偏见。这二者在现实中互相影响又互相制约，导致一方面我们通过媒体所获得的

---

① 郑保卫、唐远清：《试论新闻传媒的公信力》，载《新闻爱好者》，2004(3)。
② 郑保卫、唐远清：《试论新闻传媒的公信力》，载《新闻爱好者》，2004(3)。

信息很难保证客观和真实，另一方面我们也似乎不愿意去看到与信仰、认可的东西不一致的信息。

李普曼提出，在传播发达的现代社会，存在着三种意义的"现实"。一是实际存在着的"客观现实"，二是经媒体选择、加工和编辑后呈现给大众的"象征性现实"，三是人们意识中既有的关于外部世界的认知和形象，即"主观现实"。人们的"主观现实"虽然是以"客观现实"为基础的，但在很大程度上受到媒体所提供的"象征性现实"的影响和左右，经常会与"客观现实"产生偏移，从而产生一种"拟态现实"。[①] 经过这种中介后形成的"主观现实"，已经不可能是对客观现实"镜子式"的反映，而是产生了一定的偏移，成为一种"拟态"的现实。对于大众来说，媒介是信息的最主要来源，是象征性现实的最主要来源，因此，媒介常常成为操纵和制造舆论的工具。

第二次世界大战中，德国法西斯首脑希特勒因为用集中营的形式大肆屠杀犹太人而受到了全球舆论的严厉批判，德国政府也为此付出巨大代价。今天大部分人一听到"集中营"这个词的第一反应就是"希特勒屠杀犹太人"和"奥斯维辛集中营"。但是，很少有人知道占领北美大陆的英国殖民者为了屠杀北美大陆的印第安人也设立了"集中营"。在英国殖民者占领美洲大陆早期，印第安人的人口数量大约有几千万，英国殖民者采用集中营的形式，在短短不到一百年的时间，最终使印第安约95％

---

① ［美］沃尔特·李普曼：《公众舆论》，142页，上海，上海人民出版社，2006。

的人口被灭绝，实在是算得上惨绝人寰的种族灭绝了。

但是，为什么今天人们一听到集中营就想到希特勒屠杀犹太人而不是英国殖民者屠杀美洲印第安人呢？为什么一听到集中营就会想起奥斯维辛呢？原因很简单，今天的犹太人控制着全球大量的财富，并在主要媒体、学术界有着比北美印第安人大得多的影响力。犹太人出版了大量的小说、学术著作来控诉纳粹集中营。犹太人拍摄了大量的电影和电视剧来反映这些集中营中的悲惨生活，从而拥有巨大的影响力，从而让它们在全球范围内变得家喻户晓，世人皆知。

而印第安人因为没有控制巨额的财富，没有著名学者为自己申诉，没有控制的媒体为自己说话，没有意识形态的帮助，所以，只能是沉默的。

第三，其他因素的影响。

现实世界中，出于各种复杂动机的煽动性的修辞以及统计学上的术语也给民众的事实判断带来很大的困难。以奥巴马为例，他在竞选时的历次演讲和辩论中反复提到"布什、麦凯恩只给那些最有钱的财富 500 强公司 CEO 们减税"，而他的方案则是"给 95％的美国人减税，只给顶层 5％的有钱人加税"。这个说法固然能唤起贫困大众的好感与支持，但事实如何呢？正如后来很多评论员都指出的那样，奥巴马根本不可能给 95％的美国人减税。由于各种税收返还政策，美国底层 40％的民众本来就不交联邦政府的收入税，美国 5％的最高收入者已经在支付美国联邦收入税的 60％左右。[1]

奥巴马的"布什只给华尔街 CEO 减税"的说法也流传甚广[2]，但事实则是奥巴马抓住减税的绝对额度不放，忽视减税的相对额度这一事实，导致很多美国民众在投票时被误导。不仅奥巴马的竞选策略如此，今天很多广告宣传也是采取同样的手段让消费者湮没在词汇的海洋和术语的陷阱里，在作出价值判断时受到这些真假难辨的事实判断的干扰。

在事实判断方面，最重要的是不轻易相信自己读到的、听到的和看到的信息，对于媒体上的报道抱着一种审慎的怀疑态度，当然，这种态度应该是一种有节制的、审慎的怀疑，不然的话很容易走向虚无主义和犬儒主义。抱着审慎的态度去怀疑、批判信息来源的可靠性，运用逻辑的方式去考察信息是否能够自洽与信息是否真实，采取移情的方式去充分同情地理解和想象事实，尽可能地把握信息的丰富性。条件允许的话可以亲自到现场去调查，去感受，去体验，这比"宅"在斗室之中通过媒体来获取信息肯定能得到更多的真相和真实。

---

① 刘瑜：《民主的细节——当代美国政治观察随笔》，111 页，上海，上海三联书店，2009。

② 事实上布什的减税方案针对社会的各个阶层，从减税幅度上来说，对中下层的削减幅度比对上层还要大，但是大多数奥巴马阵营的人不去计算减税的相对额度，而去宣传它的绝对额度，从而得出结论：美国的减税大多流向了顶层的有钱人。如果你本来只交 2 元钱的税，而我交 10 元钱的税，你减 50％减去 1 元，我减 30％减去 3 元，这么皆大欢喜的事，在奥巴马阵营就会变成"布什的减税 75％的好处都流向了精英阶层"。问题是你本来就只交 2 元钱的税，怎么给你减去 3 元呢？

二、公允的价值标准

现实中，我们的价值标准总是很容易受到大众传媒、自身利益、制度环境和各种复杂因素的影响，我们进行价值判断所依据的价值标准很容易有失公允，经常会含有各种各样的无意识的偏见，很难保证一个相对公允和理性的价值标准。

第一，大众传媒对价值标准的影响。

大众传媒通过选择性地报道信息，会对接受这些信息的民众的价值标准产生很大的影响。如果大众传媒长期选择报道某一行为的负面信息，那么我们自然而然会认为这个行为是坏的，不可接受的。如果大众传媒选择一些积极的正面信息报道，我们自然而然会认为这个行为是好的。

有人说"要对同性恋宽容"，其实这句话所隐含的价值标准是同性恋是一个坏的行为，但是我们应当包容这样一种与自己不同的行为。有些媒体上报道的同性恋大都是性变态、艾滋病患者等，导致很多人听到同性恋的第一反应就是惊恐，也正基于此很多人对同性恋才有偏见。

第二，自身利益对价值标准的影响。

在现代社会，公共领域的政治生活成了每个生活在其中的公民不可回避的主题，选举时是选择支持 A 还是选择支持 B、对于涨价是同意还是反对、对社会保障和福利政策是满意还是不满意、对于公正和效率到底更倾向于支持哪一个，这些问题表面上看起来很简单，公民的价值标准就是自身利益。但是事实上，社会中持续不断的价值冲突也和社会成员的这种未经理性审视的价值标准有着密切的联系。民粹主义①也正是利用了民众中注重自身短期利益的价值标准，成功地控制和操纵了今天的民主政治。

相对于通过合理规划和发展的方式把经济发展这块蛋糕做大，民粹主义者更喜欢把蛋糕分掉。一样的财富，与其用来完善基础设施建设和为长远发展做准备，为后来人造福，还不如立即以政治家恩惠的形式发给普通老百姓，这样经济资本就迅速转化成了政治资本。

对于生命和基本温饱都没有保障的老百姓而言，这种满足自己温饱问题的需求太无可厚非了，但是，这种无可厚非的需求被那些民粹主义的政客加以利用，最终所带来的长期持续发展滞缓的严重后果，还是要老百姓自己来承担。

第三，制度环境对价值标准的影响。

除了民粹主义之外，政治领域价值标准还可能存在的一个

---

① 民粹主义的英文为 populism（又译"平民主义"或"民众主义"，由 popular 一词演化而来），暗含着对民众的一种价值关怀。民粹主义可以说是一种扭曲了或异化了的民主主义。民粹主义强调民众的终极价值，主张民众的认可是一切政治合法性的根源。但是，它是一种被极端化了的民主主义，它对于民主形式的强调更甚于对民主内容本身。它追求一种"简单而又直接"的民主，反对代议制和精英治理。民粹主义主要是政治动员手段和政治斗争策略意义上的民粹主义，即政治人物冠以"人民"的名义，绕开体制，直接诉诸民众，通过煽动性的语言来动员民众，挑战某种体制或某种价值，这种政治动员多具有煽动性、情绪性、甚至具有蛊惑性和欺骗性。

问题就是斯德哥尔摩综合征①。简单地说，斯德哥尔摩综合征可以看作是因为长期遭受不公正的待遇，渐渐习惯了这种不平等的权力关系格局，渐渐内化了、适应了这种不合理的制度。电影《肖申克的救赎》里由詹姆斯·惠特摩(James Whitmore)饰演的图书管理员老布(Brooks Hatlen)，在肖申克监狱里含冤服刑 50 年，几乎耗尽了他一生的全部时光。然而，当他得知自己即将刑满出狱获得自由时，反而忧心忡忡，因为他已经离不开这座他已经完全习惯了、内化了的监狱。用电影中老布自己的话来说，他被"体制化"(institutionalized)了。为了能继续留在他"深爱"着的监狱不被释放，老布甚至操刀杀同伴，以求不被释放，继续待在监狱里。出狱后，老布毅然选择了自杀。对于长期被压抑被奴役被控制的人而言，对于已经适应了这种不合理制度的人而言，对于已经将这种不合理制度肉体化进而使其成为自己惯习一部分的人而言，对于一个自身价值标准受到太多现实因素影响和制约的人而言，自由未必是最佳的选择。

斯德哥尔摩综合征的患者不仅习惯、内化现实的制度，认为现实的都是天然合理的，进而产生依赖心理，还会对处于强势一方的任何一点点的好处感恩戴德、感激涕零。因为人家本

---

①　斯德哥尔摩综合征指的是当人质长期与绑架者共同生活后，便开始对绑架者产生某种程度的认同感。因此，斯德哥尔摩综合征又被称为人质情结，指的是被绑架的人质对绑架者产生某种好感，甚至反过来帮助绑架者的一种反常情结。病名始于 1973 年 8 月 23 日，两名劫匪闯进瑞典首都斯德哥尔摩的一家银行，扣押了 6 名银行职员当人质。一星期后，绑匪被制服，人质获救。出乎人们的意料，人质在被救以后，反而闷闷不乐，对警察表现出明显的敌意。更令人惊奇的是，其中一位人质竟然爱上了绑匪，跑到监狱里要与他私订终身；另一位则搞了一个救援基金会，四处筹钱请律师为绑匪脱罪。

来可以对自己更坏，结果对自己这么好，能不感恩戴德吗？

中国有句古话是"公道自在人心"，好像人的内心天然具有公道的价值标准，依上面的这些例子看来，事实却并非如此。孟子认为，人皆有恻隐之心、恭敬之心、羞恶之心、是非之心。恻隐之心、恭敬之心、羞恶之心有没有，学术界还存有一定的争议①，但确定的是，是非之心并不是生而有之的，与恻隐之心、羞恶之心这两种情感相比，是非之心的存在不仅取决于我们衡量是非所采取的标准，更依赖我们对对象的了解程度，其实是一种相对理性的判断。正如王小波所言："假设善恶是可以判断的，那么明辨是非的前提就是发展智力，增广知识。然而，你劝一位自以为已经明辨是非的人发展智力，增广见识，他总会觉得你让他舍近求远，不仅不肯，还会心生怨恨。"②这里的发展智力相当于反思价值标准，增广见识相当于增加我们对判断对象的了解程度。不去做那种自以为能明辨是非的人，是我们能明辨是非的前提之一。

当然，没有一种绝对公允的价值标准，因为任何一个人的思想观念都不可避免地带有自己个性的色彩，都不可避免地受到自己所处的民族、历史、社会文化背景的影响和制约，但是，如果对自己的思想观念始终保持一种反思性的观照，经常性地批判自己的价值标准，始终愿意为自己的价值标准做合理

---

① 倪梁康：《心的秩序：一种现象学心学研究的可能性》，48 页，南京，江苏人民出版社，2010。

② 王小波：《王小波全集》第一卷，19 页，昆明，云南人民出版社，2006。

性的辩护，不把自己的思想观念当作绝对正确的终极价值标准，我们就有可能达到最大限度的公允。在政治生活领域，理性的价值标准应该是人们长远的福祉和社会的可持续发展。

相对公允的价值标准可能通过以下两个途径得到。一是依据基本价值作为基本标准来反思自身的价值标准，当人们在具体的情境下面临由于不同价值观念而带来的方向冲突时，首先看其是否符合基本价值，我们的价值标准是否对他人有不公正的地方，是否伤害了他人正当的权利，是否影响了他人合法的利益，是否违背了他人的人权，等等。二是引入公共性概念来得到接近真相的事实，现实生活中由于每个人都只能囿于自身的价值观念去看、去听、去做，当引入对同一对象的不同看法时，在不同主体间的理性批判和公开对话交流中则有可能更接近事实的真相，做出更合理的选择。事实上，这一点在现代社会变得越来越可能也越来越重要了。

第六章
价值理性与价值实践

对于价值教育而言，培养学生对于价值原则的（情感性的）积极体验与有关价值的（知识性的）认同固然十分重要，但是笔者认为，价值教育更为根本的目的，毫无疑问应该是教会学生在社会生活中实践这些良好的价值原则去解决遇到的问题，运用这些价值原则正确地为人处世。以往价值教育的相关研究主要集中在教育方法与模式等方面，即如何将这些良好的价值原则传递给学生；对学生如何实践价值，则关注得不足。

基于此，本章拟对价值实践中存在的几个误区进行理性的分析和阐明，从价值理性的视角对价值实践的主体性问题、价值实践中的目的与手段问题进行初步的分析，为价值原则在实践中更好地开展在理论上奠定基础。

第一节　价值实践的传统立场

一般认为，只要是实践"价值"的行为都算得上是价值实践，或者只要实践行为中包含价值，也都算得上是价值实践。价值实践只是作为实践的一种类型，并没有太多的特殊性和值得研究的地方。因此，学术界并没有太多关于价值实践的理论研究。检索国内已有的期刊论文和著作目录，并没有发现与价值实践直接相关的著作。据笔者目力所及，英语学术界也并没有直接与此相关的学术著作。事实上，笔者认为，价值实践是一种非常复杂的实践类型，并非所有实践价值的行为都称得上是价值实践，价值实践在实践过程中也很容易发生目的和手段的错位。

第二节　价值实践的价值理性立场

一、价值实践的主体性

人是价值的主体，价值为人的需要而产生。价值包含着人的追求活动，而且价值规范本身也是反映和体现人的发展需要和意向的。人创造的价值并不仅仅是为了约束自己，而是为了确证、肯定和发展自己。价值不是社会对付个人的工具，而是在个人与社会之间造成一种特殊的关系，这种关系不是压制人的，相反，它保证个人获得肯定和发展自身的条件。价值在本质上是一个高度自主的人的领域。

在前文的分析中我们提到，价值可以分为客体的价值和主体的价值。本研究讨论的价值主要是指主体的价值，主体的价值包含三个维度的内涵：目标价值、方法价值与本体价值。需要补充说明的是，这里的目标价值、方法价值与"目标的价值"和"方法的价值"颇为不同。"目标的价值"和"方法的价值"主要强调了目标和方法对主体满足自己需求所具有的积极意义。目标价值指主体正当、合理的需求。方法价值指主体通过正当的途径满足自己的正当需求。本体价值指值得主体无条件追求的或者本体自身所具有的优越品质。不管是哪一种价值，都和主体关系密切，主体性可以说是价值的一个最核心的特质。

"主体"一词来源于拉丁语词 subjectum，是 subjicere 的目的分词，而这个词是由 sab（在下面）和 jacere（抛下、奠基）构成。在古希腊哲学家那里，主体被理解为某些特性、状态、作用的承担者，或者动作的发起者。由本原含义引申出占有（者）、支配（者）、征服（者）、控制（者）、驾驭（者）等。[①] 在古代汉语中，并没有"主体"一词，"主"根据《说文解字》的解释，其意为灯（"灯中火，主也"），灯形虽小，其光却能照明一室。因此，"主"又引申出占有、统治、支配、居中心地位、起决定作用等含义。"体"根据《说文解字》的解释，其意为人身十二部分的总称（"总十二属也"）。"体"引申为拥有结构、构架、构造等，并进而代指一切具有一定结构的事物。"主体"一词的基本含义大致可以理解为"灯身"，其引申含义为占有者、统治者、支配者、控制者、居中心地位者、起决定作用者等。[②]

---

① 杨方：《主体概念新探》，载《湖南师范大学社会科学学报》，1994(3)。
② 杨方：《主体概念新探》，载《湖南师范大学社会科学学报》，1994(3)。

我们发现，根据词源分析，中西方语境下对主体的原典理解基本接近，都有处于控制地位的支配者的意思。主体性是主体的根本属性，指主体在实践过程中表现出来的自由支配和控制自己的能力、作用与地位。

价值实践的主体性是指价值实践的个体或者群体拥有自主决定实践价值或者不实践价值的权利与选择的机会。缺乏自主性的价值实践虽然在外在形式上与真正的价值实践看似没什么差别，但不能被称为真正的价值实践。

我们以"宽容"为例，来分析为什么自主性在价值实践中具有前提性的重要地位。宽容是在我们日常生活中出现频率颇高的一个概念，日常生活中，宽容主要包含两层意思。第一，包容和容忍他者的言论和行为，如"宽容不同的意见"。第二，原谅与宽恕那些他者的言论与行为。比如："某某不是故意的，你就宽容一点儿原谅他吧""得饶人处且饶人，要学会宽容"。《现代汉语词典》将宽容定义为"宽大有气量，不计较或追究"[①]。《辞海》将宽容定义为"宽恕，能容人。宽大有气量，不计较或不追究"[②]。英国的《柯林斯英语大词典》对宽容的解释为"尊重他者信念与行为的能力与实践"[③]。《牛津词源词典》将宽容（tol-

---

① 中国社会科学院语言研究所词典编辑室：《现代汉语词典（第7版）》，759页，北京，商务印书馆，2016。

② 夏征农等主编：《辞海：1999年版：彩图缩印本（音序）》，829页，上海，上海辞书出版社，2001。

③ *Collins English Dictionary*，http://www.collinslanguage.com/，2011-12-20.

erance)解释为"识别与尊重他者信念或实践的能力或行为"①。《不列颠百科全书》把宽容定义为"允许别人自由行动或判断；耐心而毫无偏见地容忍与自己的观点或公认的观点不一致的意见"。《布莱克维尔政治学百科全书》把宽容解释为："宽容是指一个人虽然具有必要的权利和知识，但是对自己不赞成的行为也不进行阻止、妨碍或干涉的审慎选择。所谓不赞同既可以是道义上的，也可以是与道义无关的（不喜欢）。宽容要求做出正确的、给不同意见留有余地的判断。"通过以上对宽容概念的简单分析，我们不难发现，宽容的主要内涵可以概括为：主体尊重、容忍他者的言行与主体原谅、宽恕他者的言行。

进一步分析的话，主体尊重、容忍和原谅、宽恕他者的言行其实存在着两种情况：第一，主体拥有权利和能力对他者的言行进行批判或者打击，但主体没有这么做，而是自主和主动地选择了宽容和原谅；第二，主体并没有权利和能力对他者的这种言行进行批判或者打击，只能被迫接受现状。很明显，后一种情况恐怕不能被称为"宽容"，只能称作无可奈何或委曲求全。在奴隶社会，奴隶主大肆侵害奴隶的利益。在封建社会，地主大肆侵害农民的利益。奴隶和农民因为没有权利和能力讨回正义而选择了委曲求全，表面上看来和"原谅、宽恕、宽容"等价值的外在表现接近，但在实践中恐怕没有人会把这种行为

---

① C. T. Onions, *The Oxford Dictionary of Etymology*, Oxford, Oxford University Press, 1966, p. 764.

称为"宽容"。

我们发现，宽容是需要以宽容主体拥有自主性为基础的，没有自主性，便谈不上所谓的"宽容"。缺乏自主性，宽容便不再能被称为宽容，只会被异化为"纵容"或者沦落为"委曲求全"。

我们再以"勤劳"为例来分析价值实践的自主性。实际上，很多被赞美为"勤劳"的人根本就不愿意那么辛勤地劳动，只是出于无奈和现实被迫"勤劳"。奴隶在奴隶主的棍棒压迫下，农民在地主的压榨下为了生计只能每日不停地"勤劳"，根本没有选择勤劳还是不勤劳的自主性，处在被支配的地位，成为处于支配地位的个人或群体积累财富的工具。这种缺乏基本自主性的、看似"勤劳"的行为恐怕不能被称为真正的"勤劳"。

在拥有主体性的前提下，价值实践的主体有权利放弃一种自己认为不太重要的价值而选择实践一种自己认为更加重要的价值；在缺乏主体性的前提下，价值实践的主体只能实践被他者设定的重要价值，自己根本没有选择的权利。而一切没有选择的行为，在道德和价值层面可以说是没有意义的，就像我们不会赞美人类吃饭、睡觉是价值行为一样，因为这些是人类没有选择的普遍需求。没有选择的宽容只能是委曲求全；没有选择的勤劳只能是维持生计，为他人创造财富；没有选择的感恩和关怀只是一种伪善；没有选择的诚实一旦丧失外部制约条件，主体很可能就不再诚实。

总之，缺乏自主性的价值实践不能算是真正的价值实践。

二、价值实践中的目的与手段

在价值实践中，目的和手段也必须是统一的，不能为了正当的目的(目标价值)不择手段，也不能为了手段的正当(方法价值)而放弃目标价值，更不能在实践中将目标价值和方法价值(手段价值)错位。目的和手段在价值实践中必须是辩证统一的关系。在实践中，经常出现以下两种不合理的情况。

第一个值得关注的是"目的证明手段正确"(The ends justify the means)理论①，此理论可以算是目的手段理论中最有影响力也是影响最恶劣的一个。第二个值得关注的是"目的和手段的错位"，进入现代社会以来，目的和手段错位现象开始变得越来越严重。

(一)目的证明手段正确

我们先来看"目的证明手段正确"，简单地讲，该论点认为为了实现一个被认为是正当的目的，可以采取任何手段，哪怕是不道德的，哪怕是侵害别人正当权益的。只要目的实现，任何手段就都是正当的。目的的实现可以为手段提供正当和合法

---

① "目的证明手段正确"理论第一次系统地被提出是在马基雅维里的政治学著作《君主论》中，他认为君主和国王在政治上只需要考虑后果和目的的好或坏，不必考虑手段的正当与否。为了达到好的目的，必要时可以抛弃道德、施展权术，甚至玩弄阴谋诡计等种种卑劣手段，只要能实现目的就行。他说："当遵守信义反而对自己不利的时候，或者原来使自己做出诺言的理由现在不存在的时候，一位英明的统治者绝不能够，也不应当遵守信义。"因此君主和国王要保持国家"常常不得不背信弃义，不讲仁慈，悖乎人道，违反神道"。马基雅维里还认为，君王要同时学习狐狸与狮子，采取"欺骗和暴力"相结合的统治方法来巩固自己的地位。马基雅维里的这种"目的证明手段正确"的权术思想被后人称为"马基雅维里主义"。参见[意]尼科洛·马基雅维里：《君主论》，北京，商务印书馆，1985。

化的说明，这种观点是不合理的。第一，手段如果对他者的正当权益造成伤害，就违背了我们在前面研究中得出的"正义作为社会生活中的价值底线"的结论。第二，目的本身的正当性具有历史性和情境性，一个时代认为是正当的目的到了另一时代可能就会丧失掉自身的正当性，所以在特定时代被认可的正当性很可能并没有经得起辩护的理论与实践依据。但是，在价值实践中，这种"目的证明手段正确"的情况却经常出现。

（二）目的和手段错位

在现实生活中，错把手段当成目的的现象比比皆是。法国作家巴尔扎克笔下的葛朗台就是一个把手段当成目的的、让真正的意义完全遗忘的典型。在葛朗台看来，金钱是他生存的唯一目的，而亲情、爱、所有的人生幸福和意义全部都被他彻底遗弃。金钱，原本只是人们获得幸福生活的一个必要条件，原本只是人们获得亲情、爱的基本物质前提，一个彻头彻尾的手段，却被葛朗台当成绝对的唯一的目的。

在教育实践领域，考试和分数原本只是学校检测教师教学和学生知识掌握水平的一种手段，更好地有针对性地促进不同水平学生的全面发展才是教育的最终目的。但是在现实中，原本是手段的考试和分数却异化成为"分分分，学生的命根；考考考，老师的法宝"。很多老师和学生单纯为了分数而努力，为了提高考试成绩而让学生参加各种训练性的考试，考试和分数这样的手段演变成教师和学生追求的终极价值。

第七章

价值理性的培育——反思的路径

　　价值教育的传统模式(品格教育模式、价值澄清模式、"认知—发展"模式)通过灌输的路径、澄清的路径和"认知—发展"的路径对于培养学生的价值认同、价值情感、价值体验、价值认知等方面有着较好的效果，并且具有较强的可操作性和可实践性。也因为如此，这些价值教育模式直至今天还在不断地被全球大部分学校所实践。不过，正如我们前文所分析的那样，面对今天日益复杂的价值世界，面对全球化带来的价值多元和价值冲突，面对信息时代和网络社会，任何一种传统的价值教育模式都不能为学生很好地应对今天的价值实践、价值秩序和价值判断提供充足的帮助。

　　因此，我们对韦伯提出的"价值理性"概念进行了重新理解，并且着重说明了价值理性对于价值生活而言到底有哪些意义和作用，缺乏价值理性可能会导致怎样的后果。我们提出价值理性并不是对价值认同、价值情感和体验的否定，更不是对传统价值教育模式的抛弃，而是希望在分析价值内涵的类型和价值来源的基础之上对价值教育模式进行必要的反思与补充，使不同的价值教育模式在价值教育的不同方面继续发挥作用。可以说，传统价值教育模式功能的恰当与充分的发挥离不开价值理性，如果说我们要提出一种价值教育新模式，那么，这种新模式可以从两个层面得到理解：一方面是指在价值理性的统摄之下诸种价值教育模式共同发挥作用的价值教育模式，即价值教育的各个环节、各个方面、各个具体模式都应当体现价值理性的作用，应当说，本书所进行的全部研究都是贯彻这一目的的努力；另一方面是指以培育价值理性为核心目的的价值教育实践，笔者认为，传统价值教育的三种模式对于价值理性的培育而言都是不够充分的，本章试图回答的问题就是如何才能培育价值理性。

第一节 反思与反思性思维

如前所述，价值与理性的分离完全是一个现代性事件，当我们对价值与理性的关系进行历史性考察，当我们对近代以来对理性的片面理解的后果进行反思，当我们对今天人类所处的价值境况进行分析，我们就不难得出这样的结论：未经理性审查的价值是不值得追求和实践的，理性应当也必须介入价值领域，我们的价值教育自然应该也必须培育价值理性。当我们提出培育价值理性这一任务，就必须进一步明确这一任务的具体内容。我们所谓的价值理性并非提出一种特殊的理性，我们提倡的是理性在价值领域中的运用，我们强调的是理性的自反性的发挥，我们主张培养主体对自身的观念与行为的合理性和合法性进行反思与批判的精神与能力。显然，培育反思性思维就是培育价值理性的中心任务。

作为一个规范的学术概念，"反思性思维"（reflective thinking）是由杜威在其 1910 年的著作《我们如何思维》中首先提出，并在 1933 年的修订版中（其副标题为"反思性思维对教育过程之关系的重述"）做了更为系统的阐释。不过，在"反思性思维"作为一个被系统反思的概念之前，反思性思维就已经被诸多哲学家自觉地运用，对人自身及其所处的世界进行持久的考察与省思。

在前苏格拉底时期的泰勒斯、毕达哥拉斯、巴门尼德等自然哲学家那里，我们就可以看到反思性思维初露端倪，他们透过变化多端的现象把握统一的本体的努力，本身就是对凭借感官与经验获取的认识的怀疑，并试图依据理性来获得真正可靠的知识。古希腊著名哲学家巴门尼德曾经向人们提出，要对凭借感觉和经验获取的知识保持怀疑，要依据理性透过变化多端的现象把握真正可靠的知识，他说："要使你的思想远离这种研究途径，别让习惯用经验的力量把你逼上这条路，只是以茫然的眼睛、轰鸣的耳朵或舌头为准绳，而要用你的理智来解决纷争。"①苏格拉底可以算作是反思性思维的人格化身，苏格拉

---

① 北京大学哲学系外国哲学史教研室：《西方哲学原著选读》上卷，31 页，北京，商务印书馆，1981。

底提倡并始终践行"苏格拉底方法"或"助产术"，通过不断地提问，苏格拉底引导人们发现那些习以为常、理所当然的信念背后的内在矛盾，使人们对自己原本持有的观念产生怀疑与困惑，进而检视自己先前的认识及其包含的假设与前提，从而探究新的更具普遍性的可能答案。在苏格拉底看来，未经反思的人生不值一过，他提倡人们过一种持续反思的生活。

如果说古代哲学处处闪烁着反思性思维的光芒，那么在近代哲学中，"反思"则作为一个重要的哲学概念得到了系统的反思。英国经验主义哲学家洛克对"反思"进行了系统的阐述。在其著作《人类理解论》中，洛克提出了自己的经验主义的知识论主张，他认为，人类的一切认识都基于两类简单观念之上：感觉观念和反思观念，他说："经验在供给理解以观念时，还有另一个源泉，因为我们在运用理解以考察它所获得的那些观念时，我们还知道有各种心理活动。我们的心灵在反省（反思——笔者注）这些心理作用。"[1]在洛克这里，反思以自己的心理作用为对象，是个体对自己已获得的观念在心灵中的反观。在洛克看来，人类认识形成的整个过程都离不开反思：一方面，只有反思才能为人类的理解提供材料。人心通过知觉活动获得感觉观念，人心又通过注意到这种知觉活动形成关于它的反思观念。洛克坚持认为，只有清晰明白的观念才能作为我们的理解的材料，外部事物通过对感官的刺激强行印入人心形成

[1]　［英］洛克：《人类理解论》，67～71页，北京，商务印书馆，1959。

的感觉观念往往是"含糊的意念"，只有当人心通过反思意识到某个感觉实际发生了，才形成清晰明白的观念，即所谓"真正的观念"。另一方面，人心依赖反思将知识材料构造为知识。人心在获取简单观念后，需要对这些简单观念进行主动的组合与加工，从而形成复杂观念。简言之，没有人对自己的心理活动及其结果的反思，人类就不能形成任何知识，反思在人类的认识过程中具有不可替代的作用。

斯宾诺莎把自己的认识论方法称为"反思的知识"。他用举例的方式来说明何为"反思"，他说："例如，彼得这人是真实的；彼得的真观念就是彼得的客观本质，本身即是真的东西；而且是与彼得完全不相同的。……并且这个彼得观念的观念，又同样有它自身的本质，可以作为另一个观念的对象，如此类推，以至无穷。"①可以看出，反思就是人对自己的思维及其结果的反观自照。在斯宾诺莎看来，观念是认识的结果，人对作为认识的结果的观念进行再认识，并对这种再认识获得的观念进行再认识，这种认识的推进过程就是"反思"。

黑格尔也给予了"反思"概念以很高的重视。黑格尔认为，事物的本质不是直接呈现在人的意识之中，只有反思才能获得关于事物的本质的认识："感性东西是个别的、消逝的东西；我们通过反思认识其中的持久东西。"②黑格尔借用光学的反射

---

① ［荷］斯宾诺莎：《知性改进论》，29～31 页，北京，商务印书馆，1960。
② ［德］黑格尔：《逻辑学——哲学全书·第一部分》，65 页，北京，人民出版社 2002。

现象来说明何为"反思"，他说："映现这个词原初是用来讲光的，因为光以其直线进展的方式射到镜面上，又从镜面反射回来。这样，我们在这里得到了一个双重的东西，它一方面是直接的、存在着的东西，另一方面是作为间接的或设定起来的东西的直接东西。当我们反省（reflektieren）或（像大家通常说的）反思（nachdenken）一个对象时，事情正是如此，因为在这里我们重视的不是对象的直接性，而是我们要认识经过中介的对象。"①这就是说，反思不是对直接的、存在着的东西的认识，而是"对思想的思想""对认识的认识"，是思想以自身为对象反过来思考。

　　杜威直接提出了"反思性思维"概念。杜威认为，"反思性思维"是对任何信念或假定的知识形式，根据支持它的基础和它趋于达到的进一步结论而进行的积极的、坚持不懈的和仔细的考虑，其主要步骤有：①一种得以产生思维活动的怀疑、犹豫、困惑、心灵困难的状态；②一种为了发现解决这种怀疑，消除和清除这种困惑的材料而进行的探索、搜集、探究的行为。② 可见，反思性思维首先是"悬置判断"，由一种怀疑、困惑的心理状态引发思考，继而走向系统、深入而持久的探究。

　　综合哲学家们对于反思的理解和论述，我们至少可以从以下几个方面来把握反思性思维。

----

　　① ［德］黑格尔：《逻辑学——哲学全书·第一部分》，216 页，北京，人民出版社，2002。

　　② ［美］杜威：《我们如何思维》，114～117 页，北京，新华出版社，2010。

第一，反思性思维源起于怀疑。没有怀疑，人们就不可能进行思考，就会将一切既有的东西视为理所当然并全盘接受，只有怀疑才会引起探索。正如亚里士多德所说："凡愿解惑的人宜先好好怀疑；由怀疑发为思考，这引向问题的解答。"① 笛卡尔则将普遍怀疑作为他的基本方法，他说："要追求真理，我们必须在一生中尽可能地把所有事物都来怀疑一次。"② 黑格尔也说："人应当怀疑一切，人应当扬弃一切假定。"③ 怀疑、反思与批判的精神构成了反思性思维的起点，"质疑，问为什么，以及勇敢且公正地去寻找每个可能问题的最佳答案，这种一贯的态度正是批判性思维的核心"④。可以说，反思性思维是一种问题意识，是提出问题的能力，它不是对观念的立即接受，也不是纯粹的反对与拒绝，它是对人、事、思想做出合理的质疑。通过这种质疑，人们走向对一个观念的细致、深入、全面的思考和探究。

第二，反思性思维基于对理性的确信。人是理性的存在物，但理性仅仅是人的全部天性与能力中的一种。正如罗素所说，不反思的人"一生总免不了受缚于种种偏见，由常识、由他那个时代或民族的习见，由未经深思熟虑滋长的自信等等所形成的偏见。对于这样的人，世界是固有的、有穷的、一目了

① [古希腊]亚里士多德：《形而上学》，37 页，北京，商务印书馆，1959。
② [法]笛卡尔：《哲学原理》，1 页，北京，商务印书馆，1958。
③ [德]黑格尔：《哲学史讲演录》第 2 卷，62 页，北京，商务印书馆，1997。
④ [美]彼得·费希万、诺琳·费希万、爱格尼丝·蒂瓦里、费利克斯·尤恩：《作为普遍人类现象的批判性思维——中国和美国的视角》，载《北京大学学报(哲学社会科学版)》，2009(1)。

然的"①。反思意味着人需要克服我们天性中的"惰性"的部分，突破其他天性、习性的阻碍，跳出既有的经验、习惯、倾向，把一切放到理性的尺度上来加以衡量或校正。只有具有相信理性、相信理由的信念，人才可能进行反思，人才会认为一定的观念可以为客观充分的证据、合乎逻辑的说明所支撑，也才会将可辩护性作为确定知识的必要环节。不过，对理性的确信不等同于坚信基于理性可以构建绝对真理的体系，它还包含对理性有限性的自觉，应当说，在哲学家的反思中历来具有这种自觉。比如，在苏格拉底、柏拉图、亚里士多德等哲学家把超越经验的理性作为达致真理的不二法门时，古希腊的怀疑论者却提示人们，人类的认识能力、理性本身也值得推敲与反思，普罗泰戈拉提出了"一切理论都有其对立的说法"的观点，皮浪则提出了"悬置一切判断"的口号，正是这种怀疑，使人们意识到理性的限度，形成了对认识活动的更加全面的理解。

第三，反思性思维是一种前提性批判。如同光学反射一样，反思性思维面对的对象和材料不是对象本身，而是关于对象的认识。如果说直接认识是对对象的认识，反思就是对这个对象的认识的再认识、再思考，正如柯林武德所说："当它思考任何一个对象时，它同时总是思考着它自身对那个对象的思想。"②作为对思想的思想，反思性思维不仅是对已有观念的加

---

①　[英]罗素：《哲学问题》，131页，北京，商务印书馆，1999。
②　[英]柯林武德：《历史的观念》，28页，北京，商务印书馆，1997。

工、总结与提炼，更是对已有观念和人们依据自身观念做出的行为的前提的审查，基于这种审查人们才能走向更为合理的认识。弗兰西斯·培根对影响人们认识的思想和社会根源进行的深刻分析就是反思性思维运用的范例。培根认为，正是种族假相、洞穴假相、市场假相和剧场假相导致人们产生错误的认识，因此，人们必须以坚定的决心肃清各种假相对自己的影响，运用理性的、科学的、批判的方法来提出意见与主张。如果说思考是"观念的获得"，实践是观念的现实化，那么反思就是对自身已经获得的观念和自身实践的思考和审视，这种思考和审视最重要的任务是反思自己是基于何种前提与假设、通过何种方式与途径获得既有的观念，自己的行为和实践是否基于正当的价值与诉求，又是否达到预定的目标。在将自身的观念与实践作为反思对象的审视中，个体将明晰自己在获得某种观念或实践的过程中受到何种因素的影响，自己的观念与实践是否具有逻辑意义上的完备性和伦理意义上的合法性。

第四，反思性思维是不断求真的过程。反思是对原有的观念与行为进行质疑、批判，其结果有可能是对已有思想做出有根据的否定，也有可能相反，其目的不在于驳倒和否定原有的观念，而是为了使人的认识和行为走向更合理的层次。反思性思维不是一次性的过程，它具有连续性，是对所考虑问题的反复思考，是从所考虑的问题出发持续不断地发散、扩展、深化。在反思中，人、世界及其认识展现为一个永远产生新的疑问的过程，通过反思，一层层疑雾被拨开，人的认识则透过事物的表现渐次深入到更复杂的"真相"。从这个意义上来说，反思性思维是批判性的，更是建设性的，它包含着追求真理的价值维度。正是由于反思的不断推进，人类的知识才能够"一步一步地进展，直至达到智慧的顶峰"①。

第二节　杜威的反思性思维理论

杜威对反思性思维进行了最为系统与充分的研究，因为他不仅对反思性思维的内涵、价值与特点进行了论述，而且提出了培养反思性思维的基本策略。毫无疑问，杜威为我们提供了重要的思想资源，值得我们专门加以介绍。

"如何思维"是杜威思想中的一个重要主题，在他的著作中有大量关于"思维"和"反思"的论述，不过，他常常将思维和反思性思维不加区分地使用。比如，他在 1916 年的《民主主义与教育》一书中谈到："所谓思维或反思，就是识别我们所尝试的事和所发生的结果之间的关系……思维就是有意识地努力去发现我们所做的事和所造成的结果之间的特定的联接，使两者连接起来。"②他还指出："思维是在事物还不确定或者可疑、或者看问题时发生的……既然思维发生的情境是一个可疑的情境，所以，思维乃是一个探究的过程，一个观察事物的过程和一个调查研究的过程。在这个过程中，获得结果总是次要的，它是

---

① ［荷］斯宾诺莎：《知性改进论》，29 页，北京，商务印书馆，1960。
② ［美］杜威：《民主主义与教育》，153 页，北京，人民教育出版社，1990。

探究行动的手段。"①他又指出："思维就是明智的学习方法……就是在思维的过程中明智的经验的方法。"②在1936年的《芝加哥实验的理论》一文中，杜威又指出："思维便是在所做的事和它的结果之间正确地审慎地建立联结。当我们要决定某一已经完成的行动或即将完成的行动的意义时，就产生了思维的刺激。"③特别是在《我们如何思维》一书中，第一章的标题就是"什么是思维"。杜威指出：思维的最好方式就是"反思性思维"（reflective thinking）。它是"对某个问题进行反复的、认真的、不断的深思"④。他还指出："思维就是探究、调查、深思、探索和钻研，以求发现新事物或对已知事物有新的理解。总之，思维就是疑问。"⑤

尽管杜威常常将思维与反思不加区分地使用，但是，联系到杜威还有关于"非批判性思维"（uncritical thinking）、"劣思维"（poor thinking）的论述，笔者认为，杜威显然是在不同的语境中分别使用了广义和狭义的"思维"概念。在杜威看来，"非批判性思维"是把事实和关系视为理所当然，放弃探究的行动而过早地接受既有观点或确定某种论断，是一种拙劣的思维方式；而反思性思维是与之截然相反的思维方式，它避免一切未

---

① ［美］杜威：《民主主义与教育》，157页，北京，人民教育出版社，1990。

② ［美］杜威：《民主主义与教育》，162页，北京，人民教育出版社，1990。

③ ［美］杜威：《杜威教育论著选》，赵祥麟、王承绪编译，331页，上海，华东师范大学出版社，1981。

④ J. Dewey, *How We Think*, Boston, D. C., Heath and Company, 1933, p. 3.

⑤ J. Dewey, *How We Think*, Boston, D. C., Heath and Company, 1933, p. 265.

经考察的判断，对一切信念进行积极主动、细致缜密的探究。杜威更多地使用了狭义层面的"思维"，这是因为他真正的兴趣点是讨论作为最好的思维方式的反思性思维。

在杜威看来，反思性思维的价值主要表现在以下几个方面。

第一，反思性思维能使人的行动具有自觉性。杜威认为，与动物总是依靠本能的冲动来采取行动不同，人所具有的反思性思维可以使我们不仅摆脱单纯的本能的冲动，从而使人区别于动物，还可以使我们摆脱习惯或者惯例的行动窠臼，使我们的行动更加合理。反思性思维可以对未来的事物进行预测，确立行动的目标，从而把盲目和冲动的行动转变为经过深思熟虑的规划和充满智慧的自觉行为。

第二，反思性思维能使人预先进行系统的准备。杜威认为，人们运用反思性思维，结合个人的体验、知识与他人的经验等，可以预先想到未来可能发生的各种可能情况，从而预先周密地设计出为达到某种结果或避免某种结果而采取的种种方法。例如，为了避免航行事故提前设置灯塔、预报天气等。

第三，反思性思维能使人以更多维的视角来认识事物的价值。从不同的视角出发，人可以对同一个事物做出截然不同的价值判断。具有反思性思维能力的人不会囿于单一的视角来看待事物所具有的价值，他们会超越事物自然存在的意义，即使是最常见的事物和现象，他们也会从不同的视角出发，对各类经验进行对比分析，去全面地挖掘事物所隐含的各种价值，理解事物的更充分的意义。

在杜威所指出的反思性思维的三个方面的价值中，前两个方面主要指向的是实际地增加人的行动能力，最后一个方面则主要是充实事物的意义，笔者认为，最后一个方面的价值主要在于提升个体的价值反思能力。当然，前两个方面也并不仅仅具有实用的价值。反思性思维使人不满足于已有的知识，而是对已有知识与经验进行反复的观察、反思、推理与总结，这一过程则既会加深以往经验的意义，又会进一步充实自己的知识体系，使自己的实践不断地深化与完善。只有基于丰富的知识、经验与实践，人们才有可能超越单一的价值视角，从更多地角度来看待和理解事物的价值。总之，"训练思维能力的巨大价值就在于：原先经过思维充分检验而获得的意义，有可能无限制地应用于生活中的种种对象和事情，因此，在人类生活中，意义的不断增长也是没有限制的"①。

正是基于反思性思维的重要价值，杜威提出学校最应该培养孩子们的反思性思维能力，但是，杜威尖锐地指出，人们往往忽视这一点："在理论上，没有人怀疑学校中培养学生优良思维习惯的重要性。但是事实上，这个看法在实践上不如在理论上那么为人们所承认。此外，就学生的心智而论（即某些特别的肌肉能力除外），学校为学生所能做或需要做的一切，就是培养他们思维的能力。对于这一点也还没有足够的理论上的

---

① J. Dewey, *How We Think*, Boston, D. C., Heath and Company, 1933, p. 125.

认识。"①因此，杜威不仅说明了反思性思维的内涵与价值，并且提出了培养反思性思维的具体策略。在杜威看来，"思维的价值本身不会自动地成为现实。思维需要细心而周到的教育的指导，才能充分地实现其价值"②。反思性思维是可教的，只有通过恰当的思维训练才能使学生掌握，也只有通过思维训练才能使反思性思维的价值正确地体现出来。因此，杜威提出了以下两个培养反思性思维的具体策略。

第一，在个体思维发展的层面，培养反思性思维具体地体现为三项基本任务。一是激发学生的好奇心。杜威认为学生的好奇心是思维培养中最具活力的原始材料，正是好奇心推动他们不断地探索。在杜威看来，人的好奇心具有个体差异性，不仅强弱不同、关注点不同，持续时间也不同，教师的任务就是及时抓住机会正确引导学生的好奇心。为了激发学生好奇心，杜威提出，教师在课堂教学中要避免教条主义，致力于营造民主的氛围，通过问题及答案的多样性为学生提供设问的机会，激发他们的好奇心，引导他们学会向他人、向书本等多种资源求教。二是指导学生培养联想能力。联想是对经历过或正在面对的事物产生与之相关的想法的思维过程。联想并非严格的反思，但它构成了反思的一个子集，因为反思需要联想。反思需要思考者利用过去的经验，联想则可以提供过去的经验，以及

---

① 吴俊升：《教育与文化论文选集》，308 页，台北，台湾商务印书馆，1972。

② J. Dewey, *How We Think*, Boston, D. C., Heath and Company, 1933, p. 9.

与要探究的经验或事件相似或相关的其他事物，这样才能更好地理解事物本身。同时，只有通过联想才能产生某种新的设想。联想能力同样具有个体差异性，教师的任务就是对学生的联想力给予客观而全面的判断，努力引导学生进行适度联想，培养良好的思维习惯。三是培养学生思维的条理性。反思是一种特别的思维方式，它不是未经规训的、偶然发生的对某事的思考，它是一个上升到有意识水平的理智分析和判断的思维过程。因此，虽然人们在观察事物时会自然而然地产生疑问和各种各样的想法，但是，这些杂乱无章的疑问和联想不能被称为真正的反思，只有结合先前的经验、针对相同的目标，进行符合逻辑的、连续的、理智的分析，进而形成有价值的结论的过程才是真正的反思，而这种严格的思维方式只有基于有意识的训练才能形成。

第二，在创设有利于培养反思性思维的客观条件层面则要注重三个方面的工作。

（1）教师应当成为反思型的教师。杜威认为，教师应当成为反思性思维的实践者，这一方面意味着教师要深入研究和全面了解学生的思维特点和习惯，不能将视野局限于学科内容和既有的传授方式，要精心设计思维训练的方式和教学活动，开展反思性教学；另一方面意味着教师本人还应当成为学生的榜样，重视对自身思维能力的培养，自觉地、积极地对自己的假设、信念、教学方式、教学结果进行持续的检视，以自己的态度、行为引导学生形成良好的思维习惯。

(2)教学内容应当与日常生活紧密结合。杜威认为，教材和方法是相互联系的，教材与教学内容决定着教师选取什么样的教学方式。在传统教育中，教材被认为是科学知识的载体，是真理与人类智慧的代表，教师的任务就是将这些知识灌注到学生的头脑中，学生的学习过程就是一遍又一遍地重复书本中的内容，这样的教材与教学方式只能造就思维僵化的人。因此，在教材的使用上，杜威反对死守教材内容、把书本视为权威的做法，他认为，教师应当避免选择那些只是过去知识的死板堆砌的书本，主张教学内容要从社会生活中引出，要与学生自身的生活经验相结合，课程要依据学生的能力进行设计，因为，人总是生活在环境中，人对于使自己适应他所处环境的事情有天然的兴趣，对自己生活中经验到的问题有天然的热情，"把书本学习与日常生活事物结合起来，能对书本学习增添意义和热情"[1]，学生思维的主动性、创造性能得到激发与发展。

(3)要创设一个自由、民主的学校环境。在杜威看来，教材、方法和行政管理共同构成了学校工作的三个主题，教学管理关系到创设一个怎样的学校环境，如果教育管理的方式不民主，学校环境不自由，那么，教育出来的学生就不可能具有反思性思维。因此，教育管理者要改变独裁和权威的领导模式，要使教师们担负学校行政的责任，学生在学校也应当享有一定程度的自由，允许学生自治。总之，要创设这样的一个学校环

---

[1]　[美]杜威：《学校与社会·明日之学校》，351 页，北京，人民教育出版社，2005。

境："学校工作安排得当，以至于儿童一个个都想去学校；这里没有必要让专门处理逃学事务的官员硬拖学生去上学，也不必施展严酷的权威去恐吓儿童。儿童一进学校，就觉得如同在家里，对学校作业就像在自己家里具有同样的兴趣和责任感。"①

第三节　反思的类型与教育策略

一、对比的反思

对比的反思的开展主要是通过课程帮助实现的。无论是价值观念的教育还是事实性、程序性知识的教育，课程都是教育实践中最重要的资源之一。没有课程的话，教育就成为空中楼阁，没有课程的话，教育便成为无源之水。虽然对于课程的定义，不同的理论流派有不同的理解和界定，但是，课程在保证知识完整性和系统性的前提之下要尽可能多地回归学生的生活世界，尽可能多地与学生的生活经验建立联系，这一点成为学术界的基本共识。和知识课程强调与学生经验有尽可能多的联系颇为不同的是，培育价值理性的课程一定要尽可能和学生的生活世界、学生已有的价值观念保持适当的距离和张力。与此同时，课程内容要让学生能够很好地理解，不要让太多的概念和命题充斥其中。让学生了解与自己价值世界很不相同的另一

① ［美］杜威：《学校与社会·明日之学校》，308 页，北京，人民教育出版社，2005。

种价值世界的存在，让学生知道除了自己的价值认识和价值选择以外，还存在着完全不同的另外一种可能。这种他者的、异质性的价值世界最开始对于学生的震撼是不言而喻的，学生甚至会表示出嘲讽和不解。但是，了解这种不同于自己的异质的价值世界是帮助学生开始反思自己价值观念和价值习惯的最好契机。如果没有这种课程，价值理性的培育很容易沦为一种说教。另外，培育价值理性的课程应该以价值冲突或者价值两难的案例作为内容，这样可以更好地激发学生对于价值问题的思考。

二、质疑反思

质疑反思主要是通过案例分析的方法实现的。质疑反思意味着质疑价值的合法性和正当性。任何一个进入学校接受教育的学生，自身必然拥有很多既有的价值观念。其中有些价值观念是经得起理性的质疑和推敲的，有的则未必经得起理性的反思和质疑。另外，质疑方法还意味着质疑价值实践能否达成预期目的。由于实践的复杂性，很多价值在实践中会被异化，和自己原来宣称的目标相去甚远。

在现代社会能源短缺的大背景下，节约这一价值的重要性被极大地凸显出来。"地球一小时"（Earth Hour）便在这样的背景下应运而生，"地球一小时"是世界自然基金会（WWF）为应对全球气候变化所提出的一项倡议，号召个人、社区、企业和政府在每年 3 月最后一个星期六 20:30—21:30 熄灯一小时，以节约能源和减少二氧化碳排放量，来表明他们对应对气候变化行动的支持。"地球一小时"活动为全球范围的人们提供一个表达自己对环境保护关注的契机。①

首次"地球一小时"活动于 2007 年 3 月 31 日在澳大利亚悉尼展开，吸引了超过 220 万悉尼市民参加。随后，活动迅速席卷全球。2011 年参与的民众高达 10 亿左右，世界上有很多政府机构、企业和个人对此表示支持和赞赏。②

但是，关灯一小时真的能起到节约能源的效果吗？

中国的电网和新西兰等西方国家很不一样，西方电网有大量的燃油、燃气机组，"地球一小时"期间可以关闭几台机组，的确能够起到一定的节约作用，然而我国的电网以煤电机组为主，机组的熄火和启动都需要很长的时间。一旦全国都停电一小时，不仅不会节约能源，可能反而会增加燃煤消耗。一旦有超过 20％的用户突然停止用电，电网就非常危险了，这个时候发电厂燃煤机组还在开动，而发出来的电却没有人使用。如果大伙突然又同时把灯打开，发电机组一定会不堪重荷，机组随时都有可能停车，甚至引起火灾，如果控制不好还可能会引起电网事故。客观地说，我们在最需要用电的黑夜里，停止用电一个小时所得到的，绝不是什么节约能源的实际效果，而是一场可能给电网系统带来严重后果、华而不实、劳民伤财的"环

① 《地球一小时》，http：//www.earthhour.org.cn/，2020-11-23。
② 《地球一小时》，http：//www.earthhour.org.cn/，2020-11-23。

保秀"。①

三、对话的反思

因为教师并不必然比学生具备更多的价值理性，所以，在价值理性的教育中，教师和学生处在一种平等的地位进行对话。在传统价值教育模式中，教师采取一种技术主义的态度来控制价值教育的进程，教师对学生的可能反馈都了然于胸。在这一过程中，教师最关注的就是学生从他们那里学到了多少，而教师是不可能从学生那里得到什么的，这种感受事实上强化教师"为人师"的优越感。这种教师主导的价值教育主要传递了教师对价值的态度和看法，对这种教育成果的评定也只能是检查学生对教师所教内容的记忆掌握情况。不仅学生所得甚少，而且由于教师低估了学生的能力，也错过了向学生学习的机会。

笔者认为，在价值理性的教育过程中，教师和学生是共同学习的。理想的价值理性的教育应该是师生之间的一种对话。在这一过程中，教师和学生面对一些价值实践中的具体案例和具体问题，互相提问，共同讨论，一起尝试解决问题。

通过对话，教师和学生交换各自对于价值问题的看法。在交流中，要有言论、信仰和行动的自由，即对话要有"理想的交流情境"（ideal speech situation），要认识到在交流中，所有

---

① 刀子：《地球一小时，一场并不环保的环保秀》，https：//www.douban.com/note/142018596/，2020-11-23。

参与者都有发表意见和行动的权利；要求教师和学生彼此尊重对方的观点，不要试图把自己的观点强加给对方；彼此尊重对方的习惯，不要以自己的习惯要求另一个人；以具体的生活经验为中心，介绍理论也必须考虑学习者过去、现在和未来的经验；对话要有一定的内容作基础。

在价值冲突发生的时候，教育者作为可以发挥主导性作用的一方，先不要急着做判断、下结论，而要鼓励孩子们将自己的价值立场、观点或价值思维的方式方法表达出来，同时也促进冲突的另一方将自己的价值立场、观点或价值思维方式方法展现出来，并引导双方开展深入的价值交流、对话与协商。在这个过程中，孩子们的价值理性就逐渐培养起来了。通过对话，教师可以帮助学生认识到自己的价值观念并不是天然拥有的，而是在后天的文化熏陶和教育经历中慢慢形成的，即自己的价值观念和人生经历密切相关。通过对话，学生可以帮助教师更好地理解他们的生命历程与生活经历，更好地理解他们已有的价值观是如何拥有的，继而教师能够有针对性地采取措施进行教育。

四、艺术的反思

艺术来源于生活又高于生活，艺术中的故事在生活中一般都可以找到原型，但是艺术把生活中的故事用一种更加凝练和审美的方式呈现出来。艺术不仅能给人带来审美的享受，更能帮助人们在欣赏艺术的同时反思自己的价值世界和价值追求。

我们以电影《大玩家》为例，来看看艺术的反思是如何进行的。电影《大玩家》讲述了这样一个故事。

人到中年的厨师二宝，一直琢磨不出美味包子的配方，被老板炒了鱿鱼。妻子恨他不争气，带着孩子离家出走，一无所有的二宝自认为是世界上最倒霉的人。绝望的二宝用尽各种方法试图自杀，都被一种神秘力量所阻止，原来是一个古灵精怪的小仙女在捣乱，此人自称是七仙女的妹妹——八仙女，有无边法力能让二宝变成他梦想中的世界上最幸福的人。

二宝先后体验了自己梦寐以求想成为的盖世无双的武林高手、众星捧月的电影明星、坐拥巨财的亿万富翁、万千宠爱的绝色美女、九五之尊的皇帝等美梦的生活，穿越时空，演绎了五段啼笑皆非的故事。

经历了这场奇妙的大玩家的穿越，二宝发现，这些光环笼罩下看似幸福的人们，背后其实都有着不为人知的痛苦和无奈。盖世无双的武林高手必须每日不停地练功、吃素，稍有懈怠就会被人超越；众星捧月的电影明星因为片约太满，连自己母亲病逝都没能抽出空闲赶回去；九五之尊的皇帝甚至连和自己心爱的女人在一起的自由都没有，一切受制于宫廷的礼教和制度。

二宝开始意识到，原来生活中最平凡、最真实的

　　　　爱就是幸福。经历了这五段神奇的经历之后，他学会
　　　　了感受幸福的能力，意识到自己现在的生活并没有原
　　　　先自己想象得那么糟糕，这时，妻子也带着孩子重新
　　　　回到了他的身边。

　　从结构上看，这部电影和《爱情呼叫转移》等虚构类影片都有着类似的情节，主人公对现状不满，总是期待改变现状，在经历了很多事情（可能是虚幻的）之后，开始懂得自己曾经所期待的并没有自己当初想象得那么美好，开始变得珍惜现在所拥有的一切。的确，正如这部影片所展示的那样，我们所期待的东西，所向往成为的人，并不是就真的如自己想象的那样美好。这个世界上并没有一种完美的选择，任何一种看似美好的选择都可能有并不为人所知的代价。对于个体而言，想拥有归属感和亲密感，我们可能就要失去很多自由；想更快更便捷地到达目的地，我们会失去欣赏沿途风景的机会和克服旅途困难的喜悦。所谓"世间安得双全法，不负如来不负卿"，双全之法的选择在现实生活中是并不存在的，这也许就是"选择的辩证法"吧。

　　通过艺术，通过观看他者的价值选择及其后果，我们能够很好地意识到这种选择的辩证法，继而对自己所期待的目标价值产生怀疑和反思。相对于其他几种反思类型而言，艺术的反思并不需要教师在这其中发挥主导作用，教师需要做的仅仅是为学生创造更多的空间和自由，让学生得以独处，和自己的心

灵对话。

第四节　培育价值理性：一项整体性工程

杜威关于反思性思维的论述已经十分系统，他对在学校教育中如何培养反思性思维的思考更是全面而具体的。杜威将教师、教材、教法、行政管理等学校教育的各个方面视为一个彼此关联、有机互动的整体，从各个方面提出了有利于培养反思性思维的具体任务与具体做法，今天看来仍然颇具启示意义。事实上，杜威的这些思想对教育理论与实践都产生了重要的影响。① 在笔者看来，培育价值理性是价值教育的重要任务，在学校教育中如何培育价值理性是我们应当着重论述的问题。但是，基于杜威及其后的一些教育学家所做出的突出研究，我们仍认为需要明确一个重要的观点：培育价值理性是一项整体性工程。提出培育价值理性是一项整体性工程，是为了强调下述基本观点。

第一，培育价值理性是整个社会共同的任务。培育价值理性是从我们社会生活的现实境况中对价值教育生发出来的现实要求，但是培育价值理性又绝不是仅仅通过学校教育的努力就能达成的任务。进入现代社会以来，人类的生存方式发生了根

---

① 20 世纪 20—50 年代的美国进步教育运动就明确地接受和发展了杜威对反思性思维的强调，将杜威提出的反思性思维概念扩展为"批判性思维"。20 世纪 80—90 年代，批判性思维运动成为美国教育改革运动的重要组成部分。今天，批判性思维的观念在美国更是深入人心，成为被普遍接受的教育理念。

本性转变，传统社会中稳固的、神圣的、由一个终极价值所统摄的内在统一的价值体系被逐渐解构，人类进入了价值理想失落、价值标准模糊、价值取向多元、价值选择冲突的时代。在这样一个时代，各种价值目标交织在一起并相互冲突，人们达成一种价值目标的另一面往往就是另一种价值目标的失落，价值判断、排序与选择变得异常困难，唯有将理性引入价值领域，以理性指引人们的价值实践，才能最大限度地克服价值选择的困难与不确定性，避免由于价值选择失误带来的不良社会后果。教育是一个重要的社会实践领域，学校教育理应承担起培育价值理性的重要使命。学校教育在价值理性的培养中的重要性不言而喻，但是，教育只是一个相对独立的领域，它与整个社会生活密切互动，被整个社会的经济、政治、文化等各个方面的状况所影响与制约，在很大程度上，它是被动的和被决定的一方。我们常常像杜威一样寄希望于通过教育来解决社会问题，认为只有教育能克服诸种社会阻力，改造社会。杜威曾在一次演讲中谈到："社会的改良，全赖学校。因为学校是造成新社会的、去掉旧弊向新的方面发展的，且含有不曾发现的能力预备儿童替社会做事的一大工具。许多旁的机关都不及它。例如警察、法律、政治等，也未始不是改良社会的东西，但它们有它们根本的大阻力。这个阻力，唯有学校能征服它。"①这样的观点固然鼓舞人心，但同样也给予了教育以不能

---

① ［美］杜威：《杜威五大讲演》，107页，合肥，安徽教育出版社，2005。

承受之重。正如我们在现实的教育实践中所感受到的，即便教育理想十分明确与正确，教育理论的研究与实践者主观上也并非没有付出极大的努力，但教育实践本身却往往与理想相距甚远，甚至是背离教育理想的。究其原因，无论是家长、学生、教师都受到了社会特定发展阶段的社会状况的整体制约，当社会生活本身的理想与现实分裂，教育的理论与实践也就难免分裂。指出教育的有限性并不意味着放弃学校教育的努力，而是要明确仅仅有学校教育的努力远远不够，由现实社会生活生发的问题，需要整个社会的共同应对。如果说学校是培育价值理性的主阵地，那么家庭、社会也是价值教育不可忽视的重要阵地；如果说教师是在学校教育中培育价值理性的主导，那么父母、社会组织、国家也是培育价值理性的重要力量。换言之，价值理性的培育需要整合学校与社会资源，整合各种平台与途径，要求整个社会形成一种有利于形成反思性思维的环境与文化。在最宏大的层面，价值理性的培育不是简单的教育问题，而是一种整体性的社会反思与文化改造。

第二，培育价值理性是一个包含多重目标的教育任务。培育价值理性的核心任务十分明确，即培养学生的反思性思维，促进学生对价值观念、价值现象、价值实践进行反思，提高学生在当今价值多元的社会生活中面对价值冲突做出合理价值选择的能力。但是，培育价值理性并不是一项单纯的思维训练，其目的不仅仅是提高学生的思维技巧，尤其不仅仅是提高学生的逻辑分析能力。首先，反思性思维和逻辑分析存在重要区别。在笔者看来，作为严格的思维过程，反思需要逻辑分析能力，只有前提真实、合乎逻辑的论证才能为认识的进展提供坚实的基础。但是，反思的过程不限于单一的论证，它不仅是论证还是评价（合理性评价）、创造（提出并评估新认识）与选择（从诸种观点中选择最合适的），它不仅是利用现有证据和材料进行合理性论证，还对证据本身进行批判性审查。反思是一个超越推理与逻辑的过程，反思性思维是一种超越逻辑分析的能力，逻辑分析仅仅是反思需要运用的"手段"。其次，反思性思维是美德和方法的集合体。反思性思维是一种能熟练构造、分析和评价价值、观念、理论、假说的能力，但是，反思性思维并不仅仅意味着对这些技巧的熟练运用。反思性思维内在地包含了对理性、公正、诚实、开放等美德的要求，因为如果缺乏这些美德，一个人就会因受冲动、偏见和保守的倾向所影响，不能真正开放地面对和领悟事物的全部意义，从而得到合理的判断。再次，反思性思维的开展需要丰富的知识与经验基础。正如康德所说，思想无内容则空，人们的知识与经验就是反思的内容。知识与经验的贫乏会使反思的广度与深度大打折扣，只有具有丰富的知识与经验，人们才可能从不同角度来认识事物不同方面的价值，对事物做出全面的评价与认识。正如杜威所说，一块石头对一个普通人而言只是一块石头，只显示出其自然存在物的价值，但是，一个考古学家或科学家却可以看到并揭示这块石头的科学价值。值得指出的是，笔者认为，在所有的知识门类中，哲学知识对于培养反思性思维具有特别重要的作用。这是因为哲学本身就以反思作为其致思的根本方式，在对人与世界的持续反思中，哲学史表现为不同流派和不同哲学家间的互相辩难。哲学家不仅给我们提供了哲学洞见，还展示了他们如何通过不断深入的反思来推进我们对自身与所处世界的全面理解。学习哲学既是对人类以往思维最高成果的梳理与回顾，又是感受智慧融通、接受哲学思维训练的过程。事实上国外就有不少这方面的实践，如李普曼进行的儿童哲学实践，就十分值得我们学习与借鉴。最后，反思性思维需要坚定的信念与价值支撑。反思是一种普遍质疑的态度，是关于观念的观念，当我们以反思的态度来面对价值领域，就意味着要对一切价值观念进行前提性批判。但是，普遍质疑不应当走向绝对的怀疑主义和相对主义，正如斯宾诺莎所说，如果不先有一个"真观念"，人的认识就会陷入错误与混乱，因而必须"依照一个真观念规范去进行认识"①。普遍质疑不是简单地怀疑一切，而是合理地质疑；普遍质疑也不是否定一切，而是承认在人类漫长的历史中确立为人们普遍接受的共同价值。在笔者看来，追求人类美好生活的坚定信念与人类共同价值是一切反思的阿基米德点。综上所述，价值理性的培育包含着知识（包括价值知识、科学知识、哲学知识等各种知识）、经验、能力、态度、品格、信念、价值等多重教育目标。

　　第三，价值理性的培育要融入学校教育的全过程。通过阐

---

① ［荷］斯宾诺莎：《知性改进论》，31页，北京，商务印书馆，1960。

述价值理性的培育包含的多重教育目标，就已经可以自然地得出这样一个结论：价值理性的培育不是在某一个教育阶段、由某一门单独的课程就可以完成的任务，价值理性的培育必须融入学校教育的全过程。一方面，价值理性的培育应当贯穿各个教育阶段中。由于价值理性的培育包含多重目标，我们就可以结合处于不同教育阶段的学生的具体特点与实际需要来确定其内容、目标与方法。不同的教育阶段要进行有效的衔接，实现大中小学的一体化。另一方面，价值理性的培育应当贯穿在学校的全部课程教学过程中。反思性思维在今天被人们普遍地接受为教育的基本目标，有不少学校（主要是大学）专门开设了相关的课程。这样的课程当然十分有必要，但是这样的课程往往只能限于教授思维技巧，事实上，在有的学校，这门课程就是逻辑学。笔者认为，价值理性的培育只有在知识与能力的结合、理论与实践的结合中才能实现，这样的目标通过教授思维技巧的课程不可能实现。各门学科不仅应当为培育价值理性提供全面的知识基础，而且应当把反思性思维渗透其中，各个学科的教师共同协作，共同贯彻反思性的教学方式，以隐性的方式将反思性思维融入课程教学之中。

走向理性的价值教育

一、培育价值理性——作为本体论的价值理性

教育从诞生之初便具有传授知识技能和价值观念两个维度的内容，对于个体的全面发展和社会的稳定进步而言，知识技能和价值观念都是不可缺少的。并且，在实践中，不包含价值传递的教育就像不包含知识技能传授的教育一样，是不存在的。任何教育都不可避免地要传递特定文化与历史背景中的知识和价值给学生，没有不包含价值的教育，也没有价值不通过教育可以很好地传承和实践。从这个意义上讲，"价值教育"这一提法和"知识教育"一样，似乎是一个不必要的同义反复。正如戴维·卡尔所言："教育现在似乎是一次长长的狂欢游行，最近展现的一幕景象就是价值教育，对这种新的教育思潮贴上价值教育的标签，从语意上说显得古怪。因为教育本来就是一种有关价值的事务，价值教育这种表述似乎是同义反复。"①但正如波斯

---

①　David Carr, "Educational values and values education: Some recent work", *British Journal of Sociology of Education*, 1997(1), p.1.

特曼(Postman)所言："不像科学，社会研究从未发现什么。它不过是重新发现了人们曾经被告知的并需要再次被告知的东西。"[①]我们重新提出价值教育这一看似同义反复的概念，就是在今天特定的时代背景下重申教育应该并且可以担负起传递价值的历史责任。可以说，在全球化导致的价值多元和价值冲突日趋严重的今天，价值教育的提出具有非常明确的针对性和时代意义。

相对而言，传统社会是一个社会结构相对稳定，社会文化变化缓慢，社会成员对社会文化的认同感和归属感很强，不同文明之间的冲突和沟通相对有限的"共同体"。"共同体"时代的价值教育更多是将人类社会中美好的价值通过教育传递给学生，让学生学会运用这些正确的价值原则存在于世。因此，传统的价值教育更多是培养学生对于良好价值原则的情感认同和积极体验，甚至一定程度上将这些价值原则上升为自己的人生信念。传统儒家的"礼乐教化"可以看作传统价值教育的典范。通过外在的行为规范和仪式的实践，内在的音乐艺术的审美和熏陶来培养学生对于价值的认同。

处在现代性和全球化大背景下的现代社会与传统社会颇为不同，社会结构的改变和社会流动的速度明显加快；大众流行文化千变万化；社会成员对于特定文化的认同感和归属感逐渐

---

① 转引自 Catherine Emihovich, "Distancing passion: Narrative in social science", in J. A. Hatch, R. Wisniewski（ed.）, *Life History and Narrative*, London, The Falmer Press, 1995, p. 45.

变弱；不同文明之间的交流越来越频繁，价值冲突也开始变得越来越明显。一个现代意义上的"社会"逐渐取代了传统意义的"共同体"。时代背景的改变和社会结构的转换都对教育提出新的要求，对价值教育也提出新的期待。传统意义上强调情感和认同的价值教育在新的时代背景下，面对愈演愈烈的价值冲突和价值失范开始显得无能为力。

20世纪以来，以美国为例，为了应对美国社会的价值冲突与价值危机，价值教育领域简直是"你方唱罢我登场"的走马灯式的舞台，品格教育理论、价值澄清理论、"认知—发展"理论都在美国"各领风骚三五年"，但是却都没能较好地解决美国社会的价值危机。出现这样的情况固然有着十分复杂的社会、政治、经济的原因，但是教育理论和实践对价值教育研究的不足也是一个不可忽视的重要因素。

新的时代背景对价值教育提出新的要求，价值理性可以看作价值教育对时代变化的回应，价值理性是价值教育的核心素养。当然，价值理性并不是能一揽子解决价值教育中存在的所有问题的灵丹妙药，但是通过本研究的相关论述我们可以发现，价值理性对于今天的价值世界而言是必不可少的，对于我们建立一个更合理的价值秩序，做出更公允的价值判断，更好地实践价值、认识价值和解决价值冲突而言都是必不可少的。提出价值理性并不意味着对传统的价值教育模式、理论、方法和流派的简单否定，也不意味着传统的价值教育模式、理论、方法和流派不再重要，而是因为在新形势下，任何单一的传统价值教育模式、理论、方法和流派已经不能够有效地帮助学生在价值多元的今天面对价值冲突与价值失范。

相对于马克斯·韦伯的价值理性概念，本研究对价值理性概念的界定在内涵和外延上显然要丰富得多。韦伯认为，价值理性是"价值合乎理性的，即通过有意识地对一个特定的举止的——伦理的、美学的、宗教的或作任何其他阐释的——无条件的固有价值的纯粹信仰，不管是否取得成就"①。韦伯将价值理性的概念限定在找寻到"固有价值的纯粹信仰"，而不在乎如何去实践这些价值，在韦伯看来，追求和实践价值的行为，属于工具理性的范畴。根据本研究对价值的界定，韦伯对于价值的理解仅仅局限于"本体价值"的领域，所以，价值理性便是找寻特定的"本体价值"作为自己价值追求的过程，而目标价值、方法价值被韦伯的价值理性概念排除在外。

本书界定的价值理性概念不仅包括用理性来寻求本体价值，更包含了用理性去探求价值存在的根据和基础（价值来源），用理性来进行价值判断和建立价值秩序，并且理性地实践价值（价值实践）。本书的结构也是按照价值理性的新内涵构建的，从第三章到第六章，分别讨论了价值理性对价值来源、价值秩序、价值判断和价值实践等问题的意义。通过这些论述，我们可以发现价值理性在价值教育中具有非常重要的地位。

二、理性地进行价值教育——作为方法论的价值理性

价值理性除了具有重要的本体论价值，在方法论上对我们

---

① ［德］马克斯·韦伯：《经济与社会》上卷，56页，北京，商务印书馆，1997。

的价值教育也非常有启发。作为本体论的价值理性要求我们把价值理性的培育作为价值教育的核心任务，作为方法论的价值理性则要求我们更加理性地去实践价值教育。研究发现，价值是一个非常复杂的概念，包含了不同的维度与不同的来源，不同维度和来源的价值内涵和外延差别很大，因此没有哪一种价值教育模式和方法能将这些内涵不同、来源不同的价值都很好地教给学生。透过价值理性的视角，价值的三个维度与价值教育的三种模式可以对应起来。本体价值适合品格教育，目标价值适合价值澄清理论，方法价值适合"认知—发展"教育，这种价值教育的重构不仅可以发挥每种模式固有的优势，而且可以有效地避免每种模式的缺陷。目标价值是相对于个体而言的正当需求，因而目标价值是一种非道德的价值，对这种非道德的价值进行澄清，非但不会走向道德相对主义，反而能够帮助个体找到自己珍视的价值，避免了个体追求的价值事实上是受他者影响或者是随波逐流的价值追求。在大众流行文化日益泛滥和鲍德里亚所谓的"消费社会"①逐渐成型之际，澄清个体追求的目标价值实际上是非常具有时代针对性的。本体价值和品格教育方法，方法价值与"认知—发展"教育模式都是具有类似的

---

① "消费社会"造成日常生活的"殖民化"。也就是说，消费社会创造出很多原本日常生活根本就不需要的消费欲求，或者把对原来生活而言的奢侈消费变成必需消费。在现代社会，消费开始具有一种强制性和普遍性：一方面，不论是物质的还是非物质的现实生活中存在的东西，几乎都逃避不了被消费的命运；另一方面，在人们的日常生活中，几乎所有领域都被商业活动彻底地"殖民化"，人们对"一切都要尝试一下：因为消费者总是怕'错过'什么，怕'错过'任何一种享受"。人们的生活完全被商业所操控，社会上"流行"什么，人们就追赶消费什么"时尚"。（［法］鲍德里亚：《消费社会》，72 页，南京，南京大学出版社，2000。）

内在契合性的。

灌输的路径——品格教育，澄清的路径——价值澄清理论，认知的路径——"认知—发展"理论，这些模式固然十分重要，但是对于价值理性的培养却是不够充分的。本书提出价值教育的第四条路径——反思的路径。通过反思，学生可以将自身的价值观念对象化，通过对比的反思、质疑的反思、对话的反思和艺术的反思等具体方法，培养学生在价值领域的批判性思考的能力，让学生理性地找到自己的目标价值，培养学生理性地实践方法价值和本体价值的能力。

价值的不同来源也对价值教育提出了不同的要求。传统价值理论（价值绝对主义与价值相对主义）对价值来源问题的研究都忽视了价值的主体来源，因此主体来源的价值一直没有受到学界足够的重视，价值教育理论对此也没有太多关注。主体来源的价值本身已经蕴含在主体之内，要采用创设特定的情景来唤醒的教育策略；而社会来源的价值则更适合传统教化的手段。

三、价值理性和价值情感、价值体验并非水火不容

理性作为人的能力与非理性有着重要的区别，但这二者之间也并非不能沟通。理性区别于非理性的地方在于其逻辑性、有序性、条理性的特征。理性在价值领域中发挥作用当然体现在一个个具体的实践活动中，但理性由于其自身的特征，不会使人类的实践陷入混乱与无序。在连续性的实践活动中，理性

逐渐调整人的行为，解决个体自身价值观念的冲突，使个体所坚持的价值观念具有整体性和逻辑自洽性，即形成一个价值体系。人的实践活动的复杂性的表现之一在于，随着一再的实践强化，个体的价值选择不仅会内化、系统化，而且会形成始终坚持的价值信念和价值信仰，内化成个体的一种积极的价值情感和价值体验。价值信念会成为个体心理和行为的习惯，使个体的实践不仅不像是理性的选择，倒像是情感的偏好，但是这种情感的偏好实际上是奠基于理性之上的。

参考文献

一、辞典

[1]广东、广西、湖南、河南辞源修订组，商务印书馆编辑部. 辞源：修订本(1—4 合订本)[Z]. 北京：商务印书馆，1988.

[2]刘正埮，高名凯，麦永乾，史有为. 汉语外来词词典[Z]. 上海：上海辞书出版社，1984.

[3]汝信，陈筠泉. 20 世纪中国学术大典·哲学[Z]. 福州：福建教育出版社，2002.

[4]夏征农，等. 辞海：1999 年版：彩图缩印本(音序)[Z]. 上海：上海辞书出版社，2001.

[5]中国社会科学院语言研究所词典编辑室. 现代汉语词典：第 7 版[Z]. 北京：商务印书馆，2016.

[6]谢大任. 拉丁语汉语词典[Z]. 北京：商务印书馆，1988.

二、中文译著

[1]哈贝马斯. 后形而上学思想[M]. 曹卫东，付德根，译. 南京：译林出版社，2001.

[2]黑格尔. 小逻辑[M]. 贺麟，译. 北京：商务印书馆，1980.

[3]马克斯·舍勒. 伦理学中的形式主义与质料的价值伦理学[M]. 倪梁

康，译. 北京：商务印书馆，2011.

[4]马克斯·韦伯. 韦伯作品集Ⅶ：社会学的基本概念[M]. 顾忠华，译. 桂林：广西师范大学出版社，2005.

[5]马克斯·韦伯. 经济与社会（上）[M]. 林荣远，译. 北京：商务印书馆，1997.

[6]马克斯·韦伯. 新教伦理与资本主义精神[M]. 于晓，陈维纲，等，译. 北京：生活·读书·新知三联书店，1987.

[7]文德尔班. 哲学史教程：下卷[M]. 罗达仁，译. 北京：商务印书馆，1993.

[8]鲍德里亚. 消费社会[M]. 刘成富，译. 南京：南京大学出版社，2000.

[9]卢梭. 论人与人之间不平等的起因和基础[M]. 李平沤，译. 北京：商务印书馆，2007.

[10]涂尔干. 社会分工论[M]. 渠东，译. 北京：生活·读书·新知三联书店，2000.

[11]亚里士多德. 尼各马可伦理学[M]. 廖申白，译注. 北京：商务印书馆，2003.

[12]波斯特. 第二媒介时代[M]. 范静哗，译. 南京：南京大学出版社，2000.

[13]博厄斯. 人类学与现代生活[M]. 刘莎，等，译. 北京：华夏出版社，1999.

[14]道格拉斯·凯尔纳，斯蒂文·贝斯特. 后现代理论[M]. 张志斌，译. 北京：中央编译出版社，1999.

[15]菲利普·巴格比. 文化：历史的投影[M]. 夏克，译. 上海：上海人民出版社，1987.

[16]费耶阿本德. 告别理性[M]. 陈健，等，译. 南京：江苏人民出版社，2002.

[17]路易斯·拉思斯. 价值与教学[M]. 谭松贤，译. 杭州：浙江教育出版社，2003.

[18]露丝·本尼迪克. 文化模式[M]. 何锡章，黄欢，译. 北京：华夏出版社，1987.

[19]罗蒂. 后哲学文化[M]. 黄勇，译. 上海：上海译文出版社，1992.

[20]罗尔斯. 正义论[M]. 何怀宏，等，译. 北京：中国社会科学出版社，1988.

[21]罗兰·斯特龙伯格. 西方现代思想史[M]. 刘北成，译. 北京：中央编译出版社，2005.

[22]罗纳德·斯蒂尔. 李普曼传[M]. 于滨，等，译. 北京：新华出版社，1982.

[23]马丁·霍夫曼. 移情与道德发展[M]. 杨韶刚，万明，译. 哈尔滨：黑龙江人民出版社，2003.

[24]马歇尔·伯曼. 一切坚固的东西都烟消云散了：现代性体验[M]. 张辑，译. 北京：商务印书馆，2003.

[25]麦金泰尔. 德性之后[M]. 龚群，等，译. 北京：中国社会科学出版社，1995.

[26]乔姆斯基. 句法理论的若干问题[M]. 黄长著，等，译. 北京：中国社会科学出版社，1986.

[27]普特南. 理性·真理与历史[M]. 李小兵，等，译. 沈阳：辽宁教育出版社，1988.

[28]孙隆基. 中国文化的深层结构[M]. 桂林：广西师范大学出版社，2004.

[29]托马斯·里克纳. 美式课堂：品质教育学校方略[M]. 刘冰，等，译. 海口：海南出版社，2001.

[30]托马斯·利科纳. 培养品格：让孩子呈现最好的一面[M]. 施李华，译. 北京：中国社会科学出版社，线装书局，2005.

[31]沃尔特·李普曼. 公众舆论[M]. 阎克文，江红，译. 上海：上海人民出版社，2006.

[32]亚瑟·亨·史密斯. 中国人的性格[M]. 乐爱国，张华玉，译. 北京：学苑出版社，1998.

[33]作田启一. 价值社会学[M]. 宋金文，边静，译. 北京：商务印书馆，2004.

[34]尼科洛·马基雅维里. 君主论[M]. 潘汉典，译. 北京：商务印书馆. 1985.

[35]艾耶尔. 语言、真理与逻辑 [M]. 尹大贻，译. 上海：上海译文出版社，1981.

[36]伯林. 自由论[M]. 胡传胜，译. 南京：译林出版社，2011.

[37]哈耶克. 自由宪章[M]. 杨玉生，冯兴元，陈茅，等，译. 北京：中国社会科学出版社，1999.

[38]里克曼. 理性的探险[M]. 姚休，等，译. 北京：商务印书馆，1996.

[39]联合国教科文组织. 教育：财富蕴藏其中[M]. 联合国教科文组织总部中文科，译. 北京：教育科学出版社，2014.

[40]罗素. 西方哲学史，下[M]. 马元德，译. 北京：商务印书馆，1976.

[41]齐格蒙特·鲍曼. 后现代伦理学[M]. 张成岗，译. 南京：江苏人民出版社，2003.

[42]休谟. 道德原则研究[M]. 曾晓平，译. 北京：商务印书馆，2001.

[43]休谟. 人性论[M]. 关文运，译. 北京：商务印书馆，1980.

[44]亚当·斯密. 道德情操论[M]. 蒋自强，等，译. 北京：商务印书馆，1997.

[45]以赛亚·伯林. 两种自由概念[M]. 陈晓林，译. 台北：台湾联经出版公司，1987.

[46]约翰·密尔. 论自由[M]. 顾肃，译. 南京：译林出版社，2010.

三、中文原创著作

[1]曹海军. 权利与功利之间[M]. 南京：江苏人民出版社，2006.

[2]岑国桢. 青少年主流价值观：心理学的探索[M]. 上海：上海教育出版社，2007.

[3]陈晓平. 面对道德冲突：关于素质教育的思考[M]. 北京：中央编译出版社，2002.

[4]成伯清. 走出现代性：当代西方社会学理论的重新定向[M]. 北京：社会科学文献出版社，2006.

[5]丁锦宏. 品格教育论[M]. 北京：人民教育出版社，2005.

[6]窦炎国. 情欲与德性：功利主义道德哲学评论[M]. 北京：高等教育出版社，1997.

[7]窦炎国. 社会转型与现代伦理[M]. 北京：中国政法大学出版社，2004.

[8]樊浩，田海平，等. 教育伦理[M]. 南京：南京大学出版社，2000.

[9]龚群. 当代西方道义论与功利主义研究[M]. 北京：中国人民大学出版社，2002.

[10]龚群. 道德乌托邦的重构：哈贝马斯交往伦理思想研究[M]. 北京：商务印书馆，2003.

[11]郭安. 当代世界邪教与反邪教[M]. 北京：人民出版社，2003.

[12]荆门市博物馆. 郭店楚墓竹简[M]. 北京：文物出版社，1998.

[13]何怀宏. 伦理学是什么[M]. 北京：北京大学出版社，2002.

[14]何景熙，王建敏. 西方社会学说史纲[M]. 成都：四川大学出版社，1995.

[15]何兆武. 上学记[M]. 北京：生活·读书·新知三联书店，2008.

[16]贺来. 宽容意识[M]. 长春：吉林教育出版社，2001.

[17]黄济，王策三. 现代教育论[M]. 北京：人民教育出版社，2004.

[18]贾高建. 市场经济与道德流变：当前若干重大问题研究[M]. 北京：中共中央党校出版社，1997.

[19]金生鈜. 规训与教化[M]. 北京：教育科学出版社，2004.

[20]金生鈜. 理解与教育：走向哲学解释学的教育哲学导论[M]. 北京：教育科学出版社，1997.

[21]靖国平. 价值多元化背景下学校德育环境建设[M]. 南京：江苏教育出版社，2009.

[22]兰久富. 社会转型时期的价值观念[M]. 北京：北京师范大学出版社，1999.

[23]李喜英. 中国道德教育的现代转型与重构[M]. 合肥：安徽人民出版社，2007.

[24]李泽厚. 中国现代思想史论[M]. 北京：东方出版社，1987.

[25]林语堂. 吾国与吾民[M]. 西安：陕西师范大学出版社，2002.

[26]刘次林. 以学定教：道德教育的另一种思路[M]. 北京：教育科学出版社，2008.

[27]刘瑜. 民主的细节：当代美国政治观察随笔[M]. 上海：上海三联书店，2009.

[28]鲁洁，王逢贤. 德育新论[M]. 南京：江苏教育出版社，1994.

[29]鲁鹏，何中华，汪建，刘森林. 历史之谜求解：人类生存的十对矛盾

[M]. 南宁：广西人民出版社，1996.

[30]鲁迅. 鲁迅全集[M]. 北京：人民文学出版社，1973.

[31]罗谟鸿，邓清华，胡建华. 当代中国社会转型研究[M]. 重庆：西南师范大学出版社，2007.

[32]倪梁康. 心的秩序：一种现象学心学研究的可能性[M]. 南京：江苏人民出版社，2010.

[33]潘维，廉思. 中国社会价值观变迁 30 年：1978—2008[M]. 北京：中国社会科学出版社，2008.

[34]彭未名. 交往德育论[M]. 太原：山西教育出版社，2005.

[35]戚万学. 冲突与整合：20 世纪西方道德教育理论[M]. 济南：山东教育出版社，1995.

[36]强昌文. 契约伦理与权利：一种理想性的诠释[M]. 济南：山东人民出版社，2007.

[37]石中英. 教育哲学[M]. 北京：北京师范大学出版社，2007.

[38]石中英. 教育学的文化性格[M]. 太原：山西教育出版社，2005.

[39]石中英. 教育哲学的责任与追求[M]. 合肥：安徽教育出版社，2007.

[40]石中英. 知识转型与教育改革[M]. 北京：教育科学出版社，2001.

[41]孙彩平. 道德教育的伦理谱系[M]. 北京：人民出版社，2005.

[42]孙喜亭. 教育原理[M]. 北京：北京师范大学出版社，1993.

[43]檀传宝. 德育原理[M]. 北京：北京师范大学出版社，2007.

[44]檀传宝. 走向新师德：师德现状与教师专业道德建设研究[M]. 北京：北京师范大学出版社，2009.

[45]唐汉卫，张茂聪. 中外道德教育经典案例评析[M]. 济南：山东人民出版社，2005.

[46]唐汉卫. 生活道德教育论[M]. 北京：教育科学出版社，2005.

[47]陶志琼. 教师的境界与教育[M]. 北京：北京师范大学出版社，2006.

[48]王葎. 价值观教育的合法性[M]. 北京：北京师范大学出版社，2009.

[49]王晓升. 价值的冲突[M]. 北京：人民出版社，2003.

[50]王玉樑. 价值哲学[M]. 西安：陕西人民出版社，1989.

[51]吴安春. 回归道德智慧：转型期的道德教育与教师[M]. 北京：教育科学出版社，2004.

[52]吴亚林. 价值与教育[M]. 北京：北京师范大学出版社，2009.

[53]杨国荣. 理性与价值：智慧的历程[M]. 上海：上海三联书店，1998.

[54]杨林国. 追寻教师美德：斯霞教师德性解读[M]. 南京：东南大学出版社，2007.

[55]易连云. 重建学校精神家园[M]. 北京：教育科学出版社，2003.

[56]尹奎杰. 权利正当性观念的实践理性批判[M]北京：科学出版社，2008.

[57]余维武. 冲突与和谐：价值多元背景下的西方德育改革[M]. 南京：江苏教育出版社，2009.

[58]余涌. 道德权利研究[M]. 北京：中央编译出版社，2001.

[59]翟学伟. 人情、面子与权力的再生产[M]. 北京：北京大学出版社，2005

[60]张岱年. 文化与价值[M]. 北京：新华出版社，2004.

[61]章国锋. 关于一个公正世界的"乌托邦"构想：解读哈贝马斯《交往行为理论》[M]. 济南：山东人民出版社，2001.

[62]章辉美. 社会转型与社会问题[M]. 长沙：湖南大学出版社，2004.

[63]赵汀阳. 论可能生活：一种关于幸福和公正的理论[M]. 北京：中国人民大学出版社，2004.

[64]竹立家. 道德价值论[M]. 北京：中国人民大学出版社，1998.

四、期刊论文

[1]洛马尔. 镜像神经元与主体间性现象学[J]. 陈巍，译. 世界哲学，2007(6)：82-87.

[2]潮兴兵，黄天成，魏健宁. 工具理性与价值理性视角下的教学评价[J]. 教学与管理，2008(18)：12-13.

[3]陈晏辉，侯怨水. 关于青少年价值教育的若干思考[J]. 泉州师范学院学报，2002(5)：121-124.

[4]成伯清. 我们时代的道德焦虑[J]. 探索与争鸣，2008(11)：44-47.

[5]冯增俊. 珠江三角洲的价值教育与公民教育[J]. 学术研究，2000(11)：121-125.

[6]郭伟伟. 国外邪教的现状、危害及其整治[J]. 前线，1999(12)：22-25.

[7]郝文武. 价值理性、工具理性视角观照下的农村教育问题[J]. 陕西师范大学学报(哲学社会科学版)，2005(4)：107-112.

[8]何祚榕. 关于"价值一般"双重含义的几点辩护[J]. 哲学动态，1995(7)：21-22.

[9]黄藿. 价值教育的几个基本问题[J]. 中国德育，2007(7)：5-6.

[10]康永久. 道德规范与道德教育：对康德与涂尔干道德理论的反思[J]. 教育学报，2009(6)：3-9.

[11]李方. 生活价值教育的永恒价值[J]. 北京教育学院学报，2003(2)：75-77.

[12]李其龙. 德国高中规模发展的理论与实践[J]. 全球教育展望，2006(2)：45-49.

[13]刘清平. 血亲情理与道德理性的鲜明反差：孔子与苏格拉底伦理观之比较[J]. 孔子研究，2001(1)：39-45.

[14]奥克肖特. 巴比塔：论人类道德生活的形式[J]. 张铭，译. 世界哲学，2003(4)：105-112.

[15]陆自荣. 从理性的角度探析道德和法的关系[J]. 社会学研究，2002(6)：45-51.

[16]马庆钰. 对文化相对主义的反思[J]. 哲学研究，1997(4)：11-16.

[17]宁春岩. 普遍语法与个别语法：乔姆斯基理论研究之一[J]. 外语学刊，1981(2)：16-20，65.

[18]彭未名. 重建价值教育：大学道德知识边缘化的反思[J]. 华中师范大学学报(人文社会科学版)，2009(5)：124-129.

[19]彭学明. 价值理性：现代素质教育中不可忽视的重要内容[J]. 当代教育论坛(下半月刊)，2009(10)：13-15.

[20]石中英. "狼来了"道德故事原型的价值逻辑及其重构[J]. 教育研究，2009(9)：17-25.

[21]石中英. 关于当前我国中小学价值教育几个问题的思考[J]. 人民教育，2010(8)：6-11.

[22]石中英. 价值教育的时代使命[J]. 中国民族教育，2009(1)：18-20.

[23]万俊人. 论正义之为社会制度的第一美德[J]. 哲学研究，2009(2)：89-93.

[24]王逢贤. 价值教育及其在新世纪面临的挑战[J]. 高等教育研究，2000(5)：53-56.

[25]王坤庆. 论价值、教育价值与价值教育[J]. 华中师范大学学报(人文社会科学版)，2003(4)：128-133.

[26]王怡. 中小学价值教育的隐忧与策略[J]. 现代中小学教育，2009(1)：14.

[27]王占魁. 澳大利亚学校价值教育的国家框架及其实施[J]. 教育发展

研究，2009(6)：25-28.

[28]吴亚林. 当代英国价值教育评介[J]. 咸宁学院学报，2009(1)：104-105.

[29]杨方. 主体概念新探[J]. 湖南师范大学社会科学学报，1994(3)：44-49.

[30]姚海娟. 高等教育中的工具理性与价值理性[J]. 广西教育，2010(12)：6-7，13.

[31]袁贵仁. 关于价值与需要关系的再思考[J]. 人文杂志，1991(2)：16-20.

[32]袁贵仁. 价值概念的认识论意义初探[J]. 国内哲学动态，1985(6)：23-25.

[33]袁贵仁. 如何认识人的价值[J]. 北京大学学报(哲学社会科学版)，1990(1)：33-36.

[34]翟振明. 价值理性的恢复[J]. 哲学研究，2002(5)：15-21.

[35]翟振明. 论艺术的价值结构[J]. 哲学研究，2006(1)：85-91，128.

[36]张岱年. 论价值的层次[J]. 中国社会科学，1990(3)：3-10.

[37]张岱年. 论价值与价值观[J]. 中国社会科学院研究生院学报，1992(6)：24-29.

[38]张岱年. 中国哲学关于理性的学说[J]. 哲学研究，1985(11)：63-73.

[39]朱小蔓，其东. 关于学校道德教育的思考[J]，中国教育学刊，2004(10)：32-35.

五、外文文献

[1]Onions C T. The Oxford Dictionary of Etymology[M]. Oxford：Oxford University Press，1966.

[2]Schrag C O. The Resources of Rationality[M]. Columbia：Indiana Uni-

versity Press，1992.

[3] Hatch E. Culture and Morality: The Relativity of Values in Anthropology[M]. New York: Columbia University Press，1983.

[4] Moore G E. Philosophical Studies [M]. London: Routledge，2000.

[5] Cairns J，Lawton D，Gardner R，Coulby D，Jones C. Values，Culture and Education[M]. London : Kogan Page，2001.

[6] Kohlberg L. The Psychology of Moral Development: The Nature and Validity of Moral Stages[M]. New York: Harpercollins , 1984.

[7] Murphy L B. Social Behavior and Child Personality: An Exploratory Study of Some Roots of Sympathy [M]. New York: Columbia University Press，1937.

[8] Stover L E，The Cultural Ecology of Chinese Civilization[M]. New York: Mentor，1974.

[9] Edwards P. The Encyclopedia of Philosophy: Vol. 7[Z]. New York: Macmillan，1967.

[10] Bourdieu P. Distinction: A Social Critique of the Judgment of Taste [M]. Cambridge: Harvard University Press，1984.

[11] Lickona T. Education for Character: How Our School Can Teach Respect and Responsibility [M]. New York: Bantam book，2009.

后 记

　　选择价值理性作为自己的研究主题，可以说经历了一个非常曲折的心路历程。我本科学习社会学，但是懵懵懂懂，对很多社会学的概念、理论一知半解，硕士是教育学原理的教育社会学方向，硕士论文做的是农村教育的个案研究，关注的都是非常微观和中观的现实问题。可以说博士之前接受的都是非常实证的学术训练，博士阶段忝列石中英教授门下，转向教育哲学方向，教育哲学以思辨为主的研究方式让我感觉自己底气不足。其实价值哲学和价值教育对我来说完全是一个崭新的领域，所以一方面蠢蠢欲动想加入导师石中英教授的价值教育相关课题的研究，同时又惴惴不安，知道自己的功底不行，尤其是价值哲学领域理论储备有限，所以在选题上一直犹豫不决。

　　2010年，我受国家留学基金委资助赴英国参加联合培养博士生项目的访学，访学时间较短，选修的课程、参加的学术活动等都十分有限，在学术上收获不敢言丰，但是这次访学经历让我对英国社会的风土人情有了直观感受，颠覆了许多我原来通过书本、媒体形成的间接认识，给我带来巨大的文化冲击，尤其是在价值观层面，英国的多元价值可以说给我带来了极大的震撼。当然，感性体验难免片面，有时仅仅是基于个体经验的偏见，中西价值观状况比较是一项涉及历史、文化、经济、政治等多种复杂因素的严肃而庞大的研究工作，不仅当时的我无法完成这项工作，今天的我也远远不能。但无论如何，这种经历引起了我对价值问题的兴趣，它促使我思考这样一些问题：价值观到底是怎样形成的？人们所持有的价值观到底是自己的，还是社会强加的？诸种价值是否是"等价"的？如果不是，人们应当如何做出合宜的价值选择？这些问题带着我走向价值理性。

选择价值理性作为自己的研究主题，其实需要很大的勇气，因为这在西方思想史上是非常复杂的、有着重要意义的学术概念。说它是非常复杂的学术概念，是因为这一概念的内涵几乎没有人能用通俗易懂的语言清晰地表达出来。价值理性概念由德国社会学家马克斯·韦伯首创，其内涵有着很强的张力，由于价值理性不受目的、手段的制约，不计成本和后果而只顾"固有价值"的实现，因而其本质上是非理性的。连韦伯自己也承认，"价值理性始终是——而且当它愈将所指向的价值提高为绝对价值，则愈益表现为——非理性的"，价值越是理性越表现为非理性。一会儿理性，一会儿非理性，大部分人都被绕得云里雾里。

韦伯认为，资本主义兴起以后，资本逻辑成为最主流的逻辑，资本主义社会大部分人的人生目标和实现手段都是理性算计的，考什么大学，选什么专业，做什么工作，找什么对象，有什么样的人生追求都是基于自己的现实条件和客观情况理性算计出来的，这种情况就被韦伯概括为工具理性。工具理性说白了就是没有什么理想和情怀，目的和手段都是根据现实情况理性权衡出来的。

按照韦伯的理解，价值理性说白了就是为了实现某个特定的自己认为有价值的目标(不管别人怎么看或者怎么评价)，愿意付出一切代价甚至生命去实现这个目标。韦伯自己也说，价值理性的价值是：审美的、宗教的、内在的、固有的价值，这种价值甚至别人都无法理解。电影《飞驰人生》里沈腾扮演的赛车手(为了自己挚爱的赛车不惜献出生命)就有价值理性，抗日战争中很多八路军战士为了胜利不惜牺牲自己宝贵的生命也是有价值理性的，说白了，价值理性就是为了实现自己认可的价值不惜一切代价甚至粉身碎骨。韦伯自己也承认的价值理性其实严格意义上恰恰是一种非理性。

韦伯认为，价值理性和工具理性要平衡，不能只有价值理性，没有工具理性。更不能只有工具理性没有价值理性。现实的情况是，价值理性越来越少，大家都越来越世俗，越来越现实。

我在阅读文献的时候，深深感受到不同学科，不同学者都是在使用自己理解的价值理性概念，而非韦伯意义上的价值理性。汉语语境下对价值理性和工具理性一般都是这样理解：价值理性就是理性的选择目标，工具理性就是理性选择实现目标的手段和工具。和韦伯提出这一概念的原初含义都有着比较大的出入。而且几乎很少有学者去认真探究在韦伯意义上，价值理性和工具理性的内涵到底是什么？所以导致学术界对价值理性内涵的理解存在着非常大的差异。说价值理性有着非常强力的现实观照，是因为价值理性在现实中有着非常强的针对性。在我们的价值生活、价值世界、价值教育中，价值理性是缺乏的。我们的价值观更多的是被周围的环境、文化传统等无意识地塑造的，我们的价值选择更多的是被这个社会推着走的。可以说研究价值理性有着很强的现实针对性。

但是，我在研究和写作的过程中，却遭遇了很多原来预想不到的困难，比如价值理性的概念界定，包括价值选择、价值实践等，在很大程度上都是价值哲学的研究范畴，需要很高的哲学素养才能表达清晰，而自己这方面积累有限，所以很多时候心有余而力不足。另外，自己在写作的时候，一直十分困惑如何将自己的研究与教育学更密切地联系起来，我虽然尽量努力地往教育学上靠，谈教育的策略、教育学的启示等，但感觉还是不够密切，不免有两张皮的感觉，这种两张皮不是理论和实践的脱离，而是价值问题的理论分析与教育如何开展之间的脱离。

论文写作的过程也许是一个从理想主义到现实主义的过程，最初的时候，雄心勃勃，觉得自己要写出一篇多么高水平多么厉害的论文，但是写着写着就认清了自己的功力并不能支撑自己的目标，就想着怎么样能顺利写完。在修改的过程中，最初也想着增加字数，让论述更加严谨，结构更加紧凑，材料更加丰富，但是实际修改过程却只对一半的内容做了相对比较大的修改，对很多内容不知道如何去修改，并不是因为自己对研究和表达很满意，而是不知道该如何去改得更好。

研究进行的过程中，包括论文的修改，石中英老师给了大量的指导和建议，倾注了很多心血，石老师在国外期间也通过邮件发给我很多相关重要文献。开题和答辩时，劳凯声教授、檀传宝教授、刘复兴教授、毛亚庆教授、于建福教授、康永久教授等老师都给了很多高水平的指导和建议，有的建议我在写作过程中吸收了，有的建议因为我水平有限，没有能很好地落实。比如，对国外价值教育最新成果关注相对有限，很多论述得不够深入全面，个别观点有待商榷，等等。原以为自己在修改过程中可以再完善和吸收，但很惭愧还是没能做好。

北京师范大学出版社郭兴举博士、鲍红玉老师、刘溪老师对本书出版做出了大量的指导、帮助和完善。我现在也在做编辑工作，编辑这个职业其实完全是成全他人、为他人做嫁衣的良心活。我们往往只记住某本书、某篇文章的作者是谁，却很少关注策划编辑、责任编辑、责任校对是谁，但是编辑其实是学术共同体中非常关键的一个群体。没有编辑的无比认真、投入、细致的工作，任何一个作者的文字都无法顺利和读者见面。鲍红玉老师、刘溪老师前前后后对书稿提出几百条修改和完善意见。所以，本书能顺利和读者见面，编辑老师功不可没。在此，我要特别感谢北京师范大学出版社的这几位为本书出版做出巨大努力和贡献的幕后英雄。当然，文责自负！

外审和答辩的诸位专家也给了很多指导，有的意见在修改过程中吸收了，有的意见实在是因为自己学力不足没能很好地吸收。很多学者会在后记里说自己是因为时间仓促，所以论文或专著有很多不满意的地方，倘若假以时日，必定水平可以更上一层楼。其实对我来说，没有这方面问题，完全是个人学术水平问题，从选题到现在修改完成，中间整整经历了十年的时光，有的人可以十年磨一剑出精品，有的人可以坐十年冷板凳成大师。但是我现在写出来的这个样子，这些文字，几乎已经是我自己水平可以达到的最高限了，不管同行和读者的感受如何，我的确只有这个水平，只能写到这个程度了。

当然，过去的十年，我也不是一直在从事价值教育的研究，不是一直在撰写修改完善这篇论文，我从一个懵懵懂懂涉世未深的学生，到毕业、工作、结婚、生子等，凡此种种，在轰轰烈烈的世俗生活中，其实我可以感受到价值理性的研究带给我的营养。我的价值选择，我的价值判断不再随波逐流，不再被社会推着走，在我有机会选择的时候，我会对自己曾经的价值观进行系统的反思，我会追问自己真正想要什么样的生活，我会去反思大家都认为好，都认为值得追求的东西是不是真的就是我想追求的东西。这些反思，或者说这些价值理性，让我可以过得相对从容淡定一些。从这个角度来看，这项研究又特别好，好的研究就应该能给生活带来很多启发和滋养。

其实价值理性也许并不需要我在论文中进行那么多复杂的

分析，只需要我们有意识地用理性去对待我们的价值生活，这样价值理性离我们就不会遥远。正如石中英教授在接受《中国教师报》的一次专访中提到的："我们教育者要意识到，许许多多的青少年学生在人生成长的道路上，都会遇到或多或少的意义匮乏和困难，都需要帮助，需要我们帮助他们不断地重置他们人生的价值坐标……其实很多孩子只要你点拨一下他就懂了，没有人点拨，他就过不去这个意义真空的沼泽了，就倒在那儿了。"

孔夫子也说过一句类似的话："仁远乎哉？我欲仁，斯仁至矣。"

高政

壬寅年初夏

于大有庄

图书在版编目(CIP)数据

价值理性及其培育/高政著．—北京：北京师范大学出版社，
2023.10

（当代中国价值教育研究）

ISBN 978-7-303-28146-6

Ⅰ．①价…　Ⅱ．①高…　Ⅲ．①德育－研究－中国
Ⅳ．①G41

中国版本图书馆 CIP 数据核字(2022)第 167599 号

图　书　意　见　反　馈	gaozhifk@bnupg.com　010-58805079
营　销　中　心　电　话	010-58802755　58800035
北师大出版社教师教育分社微信公众号	京师教师教育

JIAZHI LIXING JIQI PEIYU

出版发行:北京师范大学出版社　www.bnupg.com
　　　　　北京市西城区新街口外大街 12-3 号
　　　　　邮政编码:100088

印　　刷:北京盛通印刷股份有限公司
经　　销:全国新华书店
开　　本:710 mm×1000 mm　1/16
印　　张:14.25
字　　数:147 千字
版　　次:2023 年 10 月第 1 版
印　　次:2023 年 10 月第 1 次印刷
定　　价:52.00 元

策划编辑:郭兴举　鲍红玉　　　责任编辑:刘　溪
美术编辑:陈　涛　焦　丽　　　装帧设计:陈　涛　焦　丽
责任校对:段立超　　　　　　　责任印制:马　洁　赵　龙

版权所有　侵权必究

反盗版、侵权举报电话:010-58800697
北京读者服务部电话:010-58808104
外埠邮购电话:010-58808083
本书如有印装质量问题，请与印制管理部联系调换
印制管理部电话:010-58805079